人物叢書

新装版

足《あし》利《かが》直《ただ》冬《ふゆ》

瀬野精一郎

日本歴史学会編集

吉川弘文館

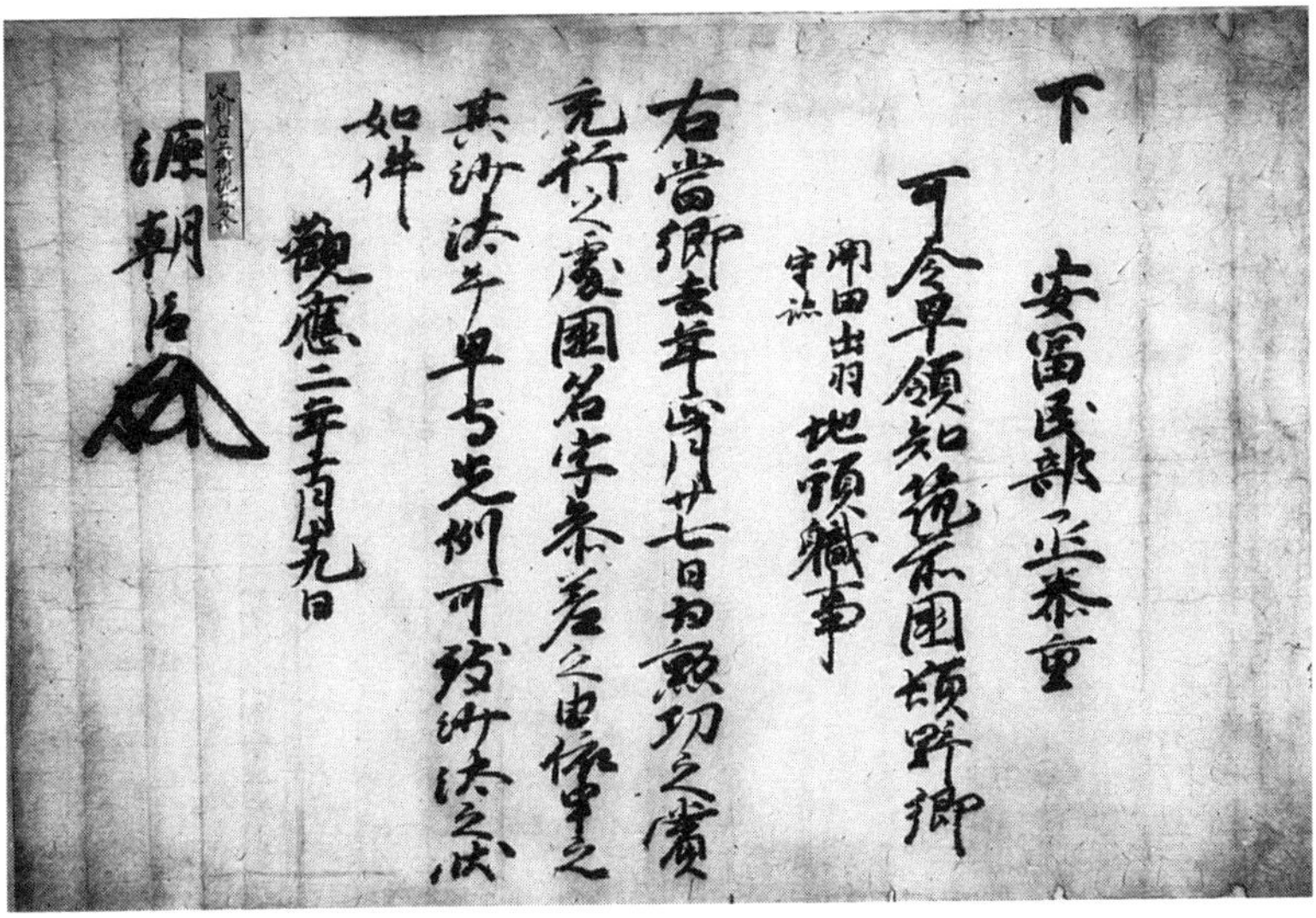

下　安富民部丞泰重
可令早領知筑前国頓野郷（内田出羽守跡）地頭職事
右当郷去年正月廿七日為勲功之賞
充行之処、国名字参差之由依申之
其沙汰、早守先例可致沙汰之状
如件
観応二年十月十九日
源朝臣（花押）

足利直冬充行状《あてがいじよう》（佐賀県立博物館寄託「深江文書」）

観応《かんのう》2年(1351)10月19日に，直冬が肥前《ひぜん》国安富泰重《やすとみやすしげ》に発給した文書。前年正月27日に勲功の賞として与えた頓野《とんの》郷(福岡県直方市)地頭職《じとうしき》の国名が豊《ぶ》前《ぜん》国とあったのを筑前《ちくぜん》国と訂正し，再度充行ったものである。直冬は鎮西《ちんぜい》探題《たんだい》就任後，それまでの日下《につか》(日付の下)に据えていた署判を奥上署判(文書の左上)へとその様式を変更している(本文52ページ参照)。

昭和41年当時の大宰府浦城趾(太宰府市史編集委員会所蔵写真)

直冬は九州上陸以来，父尊氏方の一色道猷《いつしきどうゆう》(範氏《のりうじ》)との抗争をくり返したが，その最後の攻防となった大宰府の合戦において拠点とした城趾。現在の太宰府市太宰府大字原小字浦の一帯であるが，その後の宅地開発により当時の景観は変貌している(本文108〜109ページ参照)。

はしがき

特定の一人の人物の伝記を書く場合、筆者はその人物の生き様に共感するか、尊敬の念を持って書かれたものが多い。その赴くところ、筆者がその人物にのめり込んで書かれた伝記もまま見受けられる。さらにはその人物の生き様を、読者の今後の生き方の指針とされることを期待して執筆されたものもあるように思う。

かつて私は足利直冬について、いわゆる名将ではなく、むしろ愚将であったと評したことがある。その理由は、直冬が武将であった以上、名将と評価されるためには、戦《いくさ》において勝利を得ることが必須条件となる。直冬は局地戦において勝利を得たことはあったが、大局的には勝利を得たとはいえない。その証拠に、直冬は南北朝時代において脇役に過ぎず、ついに主役になることはできなかった。

歴史上、戦で勝利を得ることができなかったにもかかわらず、名将としての名を残した武将も数多く存在する。その条件として、大局的先見性に富み、戦略にすぐれ、信義に厚く、部下をその人格によって心服させることで支持されており、統率力にすぐれ、その行動における出処進退が明らかであったことなどが求められるであろう。しかし直冬の場合、これらの点でもその条件を備えていたとはいい難い。

京都から九州に逃れて来た直冬は、策略を弄して利をもって九州の在地武士を味方に誘いながら、その約束を果すことなく九州より逃亡したことも、私が直冬をして名将と称することができないとする理由の一つである。

しかし肉親の愛に恵まれず、コンプレックスに悩まされ続けたその一生は、まさに波瀾に満ちた生涯であり、南北朝争乱期に突如として出現し、忽然として消え去った一彗星に過ぎなかったとしても、各々の人間の生涯をそれぞれに完結したドラマとみるならば、直冬の生涯はすぐれた演出家によって巧みに演出されたドラマであったと見ることができよう。したがって、たとえ名将ではなく、時代の脇役に過ぎなかった生涯であったとしても、その生涯を明らかにすることは無意味なこととは思わない。ただ私は直冬について書き終え、その生涯に同情はするが、共感できない部分も多々存在した。そこで私は直冬の生き方を、読者が今後の生き方の指針とされることを期待して執筆したわけではない。

直冬は十九歳から四十歳までの二十一年間歴史上に登場し、波瀾に富んだ生涯を送ることになった。直冬にこのような生き方を余儀なくさせた原因は、直冬の出生の秘密と、父尊氏《たかうじ》が直冬を自分の子供として認知しようとしなかったことに起因している。これらのことは直冬の責任ではない。しかし直冬はその宿命を背負って生きることを運命付けられていた。私が直冬に同情する第一の理由である。

そして父尊氏・義弟義詮《よしあきら》から誅伐の対象とされ、唯一の支援者であった養父直義《ただよし》の非業の死にも遭遇した。直冬は自らの生き延びる途を切り開くためには、尊氏・義詮と対決し、これを打倒する以外にはその術はなかった。直冬に同情する第二の理由である。

しかもその目的達成の一歩手前であえなく挫折してしまった。直冬に同情する第三の理由である。

では直冬が尊氏・義詮と対立抗争を繰り返すことなく、宿命を甘受し、従順であったら、直冬に幸福な恵まれた生活が保障されていたかというと、到底そのようなことは望めなかったと思われる。おそらくもっと早い時期に尊氏・義詮によって抹殺されていたであろう。

とても七十四歳の長寿を保てたとは思えない。それでは長寿を保てた直冬の晩年は幸福であったかといえば、私にはそのようには思えない。

一通の発給文書を残すこともなく、三十四年間の長い隠栖《いんせい》生活を送った晩年が、波瀾万《はらんばん》丈《じょう》の前半生と比べて、幸福で平穏な満ち足りた生活であったはずはない。風雲児直冬としては、アンニュイな生活の中で死を迎えるべきではなく、生死をかけた戦いの場でこそ死すべきであったと思う。人間誰しも死の危険を無事切り抜けた時、生の充実感を実感できるのであって、平穏な生活の中で生の充実感を得ることは至難のことである。直冬に同情する第四の理由である。

読者は本書を読んで、私が好意的に見ても傍観者的、悪くいえば直冬にきわめて悪意に満ちた冷淡な視点で執筆していると思われるかも知れない。その原因は私の生来の性癖に起因していることもあるが、最初に述べたように、書いていて直冬の生き方に共感できない部分が多々あったことが根底にあることを告白しておく。

歴史の道に分け入って五十余年、人物論こそ歴史の本流であるとする考え方もある中で、私は竹内理三《りぞう》先生から「史料にもとづかないで、歴史らしく叙述されたものは、神話・伝説・小説であって、それは思考の産物であって、「歴史ではない」と教えられてきた。しかし人物論の場合、まったく思考を停止し、蓋然性《がいぜんせい》を排除して、残された史料を継ぎ合わせるだけでは書けない。しかも歴史を蓋然性で論じられている部分に興味を示す読者が多いことも認めざるを得ない。

ところが書き終えた原稿を改めて読み返してみて、五十年余の身に染み付いた習性は如何ともしがたく、やはり残存史料に依存する傾向から脱却できていない面が随所に残っているように思う。叙述の根拠となる史料を本文中に引用した場合は、すべて読み下し文に直して引用している。そして史料にもとづいて叙述した部分と、私が蓋然性にもとづいて推定して叙述した部分とは明確に区別し、読者が判別できるように叙述することに努めた。読者が史料にもとづいて叙述した部分を利用し、私とは別の蓋然性にもとづく見方をされることは自由であり、そのような視点で本書をお読みいただくことを期待している。

私が本書の執筆を引き受けたのは、今から四十年前のことである。その時、すでに直冬に関係する史料をほぼ蒐集し終えており、年表も作成していた。当時はコピー機などという便利なものは普及していなかったので、史料はすべて筆写して蒐集した。しかも直冬が活動した時期に相当する部分の『大日本史料』第六編は刊行されており、さらに『南北朝遺文』九州編および中国・四国編が刊行されたことによって、直冬関係史料はほぼ活字化が完了していると言えよう。にもかかわらず四十年間本書を執筆できなかったのは、蓋然性部分を加えて叙述することを躊躇したためである。

執筆を引き受けていながら、私の個人的理由で執筆を遅延し、日本歴史学会ならびに吉川弘文館に多大の御迷惑をおかけしたことを衷心よりお詫び申し上げる次第である。

平成十七年四月一日

瀬野精一郎

目次

口絵

挿図

挿表

第一　歴史への登場

一　生い立ちの秘密

尊氏の子

直冬は足利尊氏《あしかがたかうじ》の子とされており、自ら尊氏のことを父と称している。しかしその生没年については確証はない。『系図纂要《けいずさんよう》』所収の「足利将軍家系図」には応永《おうえい》七年（一四〇〇）三月十一日、七十四歳で石見《いわみ》国で没したと書かれている。しかし没年についても群《ぐん》書類従《しょるいじゅう》本「足利系図」では嘉慶《かきょう》元年（一三八七）七月二日とされており、『鎌倉大日記《おおにっき》』には嘉慶二年七月三日と書かれている。また没年の七十四歳とする説も確証があるわけではない。

生年

しかし「足利将軍家系図」の説に拠《よ》れば、逆算して、嘉暦《かりゃく》二年（一三二七）の生まれ、尊氏二十三歳の時の子、嫡子《ちゃくし》足利義詮《よしあきら》より三歳年長者となり、一応辻褄《つじつま》が合うことから、直冬の生年を嘉暦二年と推定しているものが多い。

母越前局

直冬の母についても『太平記』に、

古へ将軍ノ忍テ一夜通ヒ給タリシ越前《えちぜん》ノ局《つぼね》ト申ス女房ノ腹ニ出来タリシ人トテ

とあるのが唯一の説である。

すなわち若き日の高（尊）氏が、一夜越前局という出自のわからない女の所に忍び通って生ませた子であるということになる。越前局という名前についても確証があるわけではない。『尊卑分脈《そんぴぶんみゃく》』によれば、直冬の幼名は新熊野《いまくまの》と号したとある。

尊氏の長男竹若

尊氏にはこの頃、正妻赤橋登子《とうし》との間に生まれた千寿王《せんじゅおう》（後の義詮）のほかに、加子基《かこもと》氏《うじ》の娘との間で生まれた竹若という子がいた。『太平記』によれば、竹若は尊氏の長男とされており、伊豆走湯山《そうとうざん》の伊豆山《いずさん》神社に居住していたが、父尊氏が京都で謀反を起こしたことを知り、母の兄で走湯山密厳院別当《みつごんいんべっとう》であった覚遍《かくへん》に伴われて、山伏《やまぶし》の姿で潜《ひそ》かに上洛《じょうらく》しようとしたが、駿河《するが》国浮嶋《うきしま》が原《はら》（現静岡県沼津市）で、幕府方の使者によって刺殺されている。

竹若の死

直冬を尊氏の庶長子《しょちょうし》としているものもあるが、『太平記』で尊氏の長男竹若殿と記述されていること、山伏姿で上洛を企てていたことから推測して、竹若の方が直冬より年長者であった可能性が高い。後に尊氏が覚遍と竹若の後世供養《ごせくよう》を行っていることから、尊氏は竹若を自分の子として認知していたことは明らかである。尊氏自身妾腹の子であり、父から認知されていれば、当時の慣習として、妾腹の子であることで特に疎外されることはなかった。

尊氏の直冬への対応

その点、後の尊氏の直冬に対する対応を見ていると、尊氏は正妻赤橋登子の手前、若気の誤ちで出自不明の女との間で生まれた直冬の出現にとまどい、冷淡に対処したというより、直冬が本当に自分の子であるということ自体を疑っていたのではないかと思える節がある。そうでなければ尊氏の直冬に対する異常とも思える父子敵対の状況を理解することができない。

足利尊氏像（等持院所蔵）

直冬は尊氏の子か

現代ならばＤＮＡ鑑定によって、父子関係を科学的に証明することができる。それが不可能な当時としては、母親の証言が唯一の頼りである。しかしそれとても確証あるものではない。そこに歴史上数多くの落《らく》胤《いん》伝説が生まれることになる。直冬の出生

竹若と直冬の違い

には、多分に落胤伝説的部分が残っているように思われる。この点、竹若と直冬との間には大きな違いがあるといえる。

母越前局の確信

しかし直冬の母には、わが子が尊氏の子であるとのある程度の確信があったとするならば、直冬は物心がついた時から、母から父の名前を聞かされていたであろうから、父親がいない幼時を過していたとしても、自分の血筋を自負する気持を持っていたものと思われる。

いずれにしても、直冬は自らの出生の秘密を背負って一生を送ることを余儀なくされていたことは疑いない。

東勝寺の喝食

直冬は成長して、鎌倉葛西谷《かさいがやつ》にあった臨済宗《りんざいしゅう》寺院東勝寺《とうしょうじ》（現鎌倉市小町）の喝食《かつじき》になっている。それが尊氏の指示によったものとは思えないので、あるいは母または自らの意志によって僧の道を選んだものと思われる。しかし喝食となった時期、年齢等については一切わからない。また東勝寺における直冬の行状等についてもまったく伝えるところがない。

僧としての行状

ただ後世の直冬の行動から推測すれば、とてもおとなしく僧としての修業に専念する日々を送っていたとは考えられない。直冬は問題児としてのあらゆる条件を具備してお

還俗

東勝寺跡腹切りやぐら

り、おそらく東勝寺においても問題児であったことは容易に推測することができる。

直冬が喝食として過ごしていた東勝寺は、鎌倉幕府が滅亡した時、北条高《たか》時《とき》以下一族二八三人、殉死《じゅんし》者八七〇余人が立て籠《こも》って自害して果てた寺院である。そこで直冬は鎌倉幕府滅亡の状況の一部始終を身近で見ていたものと思われる。

その後直冬は、父尊氏が征夷大将《せいいたいしょう》軍《ぐん》の官職につき、室町幕府を開いたのを見聞して、父子の対面を果したいと思ったのであろう。『太平記』によれば、貞和《じょうわ》元年（一三四五）ごろ、還俗《げんぞく》して

上洛し尊氏との面会を望む

東勝寺の僧円林《えんりん》に伴われて上洛したとある。そして人を介して、ひそかに尊氏に父子としての対面を求めたが、尊氏はこれを許さなかった。やむなく当時朝廷や武家の間に出入りして、学問の講義をしていた独清軒《どくせいけん》玄彗《げんえ》法印《ほういん》の所で勉強しながら、京都での侘《わ》び住いを余儀なくされていた。

玄慧法印の仲介により直義と対面

直冬のことを見所のある人物であると思った玄彗法印は、機会を見付けて尊氏の弟足利直義《ただよし》に直冬のことを話したらしい。それに対し直義は「それならその子を自分の所に連れて来てもらいたい。自分がよくよく検分して見て、見所があるようならば、兄尊氏に伝えよう」と答えたという。そこで直義に引き合せたが、その後一、二年経過しても、尊氏は父子として対面することを許すことはなかった。

直義の養子

そこで直義には当時子供がいなかったので、養子に迎え自分の直の字を与えて直冬と名乗らせることにした。しかし直義が直冬を養子にした時期についてはわからない。

尊氏子息の学問始

この点について、『大日本史料』第六編之八、二八七ページには『師守記《もろもりき》』康永《こうえい》三年（一三四四）六月十七日の条に「今日左兵衛督《さひょうえのかみ》直義朝臣《あそん》子息実将軍子息也学問始、師読前藤少納言《しょうなごん》有範《ありのり》朝臣、深剃《ふかそぎ》・着袴《はかまぎ》・馬乗始・弓始五ヶ条同日有之云々」とある記事を引用し、この子息とは直冬のことかと推定している。

しかし直冬が上洛して来たのは、その次の年、貞和元年頃と推定されるし、この時点で直冬はすでに十八歳に達していたと思われるので、学問始・深剃・着袴・馬乗始・弓始を行うには歳を取り過ぎていたように思われる。

「将軍子息」は基氏

そこで田辺久子氏は、将軍の子息とあるのは直冬ではなく、当時五歳の尊氏の次男基《もと》氏《うじ》であると推定されている。そのことを補強するものとして、基氏が直義の猶子《ゆうし》であったとする系図が存在することを挙げておられる。従うべき説かと思われる。

直冬の初見史料

直義への肉親の愛

直冬の名乗りが見える残存初見史料は、後述の貞和四年（一三四八）四月十六日、足利直義書下《かきくだし》であるので、直義が直冬を養子としたのはそれ以前であったと推定される。そして直冬は叔父《おじ》であり養父である直義に対して、生まれてはじめて肉身としての愛情を感じ、心ひそかに絶対に変わらない忠節を誓うことになり、この心情は直冬の生涯を通じて変わることはなかった。

尊氏の心中

一方、尊氏は直冬が弟直義の養子となったことを知り、自分の直冬に対する冷酷な仕打ちを忘れ、直冬の自分に対する面当《つらあ》てと受け取り、ますます直冬を憎む気持を増幅させていったものと思われる。

二　初陣

南朝方の蜂起

　このような時、紀伊《きい》地方で南朝方支持勢力が蜂起し、その勢いは日増しに強大となり放置できない状勢となった。そこで直義はその討伐に直冬を起用することを考え、兄尊氏に進言した。討伐に派遣するとすれば、尊氏も直冬に父子の名乗りを許さざるを得なくなった。時に直冬は二十二歳前後の若武者であったと思われる。かくて直義は光厳上《こうごんじょう》皇《こう》の院宣《いんぜん》を奉じ、直冬を従四位下左兵衛佐《すけ》に任じて、軍勢を率いる大将として初陣《ういじん》を飾らせることにした。

父子の名乗り

紀伊国への出陣

　紀伊国の凶徒退治の事、院宣に就いて、左兵衛佐直冬を差し遣《つか》わすところなり、早く発向せしむべきの状、件《くだん》のごとし、

　貞和四年卯月十六日　（足利直義）（花押）

後藤摂津七郎殿　（宇野文書）

直義の軍勢催促状

先に述べたこの足利直義書下が、今日残存する直冬に関する確証ある初見史料である。同日付で土佐《とさ》国長浜五郎宛、五月六日付で伊予《いよ》国河野《こうの》対馬《つしま》入道、豊後《ぶんご》国大友宗匡《むねまさ》、陸《む》

奥国安積盛兼宛《つあさかもりかね》の同内容の文書が発給されており、さらに同年五月二十七日の少弐頼尚施行状《しょうによりひさしぎょうじょう》によれば、四月二十五日付で、直義が直冬の紀伊国凶徒退治に筑前《ちくぜん》・豊前《ぶぜん》・肥前《ひぜん》三ヵ国の軍勢を相催して馳《は》せ参じることを命じたことを伝えている。このように直義は全国の軍勢に、直冬の出陣に対する協力を要請する軍勢催促状を発給していたことがわかる。このことは直義が直冬の初陣になみなみならぬ期待と支援を送っていたことがわかる。

直義の期待

直冬は出陣に当り、京都祇園《ぎおん》社（現京都市東山区）、出雲杵築大社《いずもきづきたいしゃ》（現島根県出雲市大社町）等に戦勝祈願をしていた。

直冬の戦勝祈願

紀州の凶徒退治のため、発向するところなり、殊《こと》に祈禱《きとう》の懇誠《こんせい》を致さるべきの状件のごとし、

貞和四年卯月廿二日　　　直冬（足利）判

少納言法印御房静晴事、

（祇園神社文書）

この文書が直冬の発給した初見史料である。

そして直冬は五月二十八日に出陣し、その日は東寺《とうじ》（現京都市南区九条町）に宿泊した後、いよいよ六月十八日に紀伊国に向けて進発した。直冬が進発した後も、直義は各地の軍

紀伊国に向けて進発

勢に対し、直冬の下に馳せ参じるべきことを命じる軍勢催促状を発給し続けている。

直冬は八月八日にはじめて合戦し、八日、九日両日の合戦では、両軍の死者その数を知らずといわれる程の激戦を展開している。

直冬の転戦

佐々友行《さつさともゆき》の軍忠状《ぐんちゅうじょう》によれば、八月一日に岩《いわ》城に馳せ参じ、三日に山手に向かい、四日から九日にかけて所々の城郭《じょうかく》で合戦し、九月四日には南朝方の阿瀬河《あぜがわ》城（現和歌山県有田郡清水町）を攻略し、日高郡に入り、二十八日に帰途の御供《おとも》をしたとある。直冬は六月十八日の出陣以来、約三ヵ月、紀伊国の南朝方の軍勢と攻防を繰り返しながら各地を転戦し、九月二十八日に目的を達して引き揚げたことがわかる。

直義の戦勝祈願

この間、京都にあった直義は、直冬の戦況に一喜一憂しながら、東寺、松尾社《まつのお》（現京都市西京区）、恩徳院、桂宮院（現京都市下京区）等に紀伊国での直冬の戦勝を祈願して大般《だいはん》若経《にゃきょう》の転読を命じている。

一応直冬は紀伊の南朝方の軍勢を鎮定《ちんてい》し、無事京都に帰還することが出来たのであるから、直冬の初陣の成功を直義は心から喜んだものと思われる。

京都に帰還

京都に帰還した直冬は、養父直義の期待に報いられたことを嬉しく思うとともに、当然父尊氏も直冬の初陣の成功を喜んでくれるものと思ったであろう。さらにその戦功の実績によって、これまで疎遠であった親子の関係も好転するのではないかとの期待を持ったとしても不思議ではない。

世間の目差し

直冬の下に馳せ参じた武士たちも、直冬を見直し、世間の直冬を見る目も、さすがは血筋は争えぬものと人気も上り、直冬を重んずる気配が強くなったものと思われる。し

尊氏の心中

かし尊氏は表面的には、直冬の初陣の成功を喜ぶ態度を見せつつも、心の中では直冬の成功をいまいましく思う気持も働いたであろう。

周囲の冷い視線

さらに直冬の人気が上ることを、苦々しく思って冷ややかに眺めている者に、尊氏の正室登子や義詮をはじめ、高師直《こうのもろなお》・仁木義長《にきよしなが》・細川顕氏《あきうじ》などの側近の宿将《しゅくしょう》たちがあった。『太平記』にも、

> 紀州暫静謐《せいひつ》ノ体《てい》ニテ、直冬被二帰参一シヨリ後、早、人々是ヲ重ジ奉ル儀モ出来リ、時々将軍ノ御方ヘモ出仕《しゅっし》シ給シカ共、猶《なお》座席ナンドハ仁木・細川ノ人々ト等列ニテ、サマデ賞翫《しょうがん》ハ未《いまだ》無リキ。

と直冬に対する周囲の冷い雰囲気を伝えている。しかしこれらの周囲の冷やかな態度も、直冬にとっては、自分の成功に対する不当なひがみや嫉妬《しっと》としか思えなかったであろうから、それに耐えることはできたであろう。ただ意外であったのは、父尊氏の自分に対

直冬の期待

尊氏の対応

する態度であった。

直冬は戦功に気をよくして、得意満面、尊氏の褒め言葉を期待して出頭したものと思われる。しかし尊氏もまた他の人々と同じように冷ややかであった。直冬にとって、この父尊氏の態度は心外であり、再び過去に味わったコンプレックスがよみがえってきたに相違ない。

直冬の挫折感

得意絶頂の感受性の最も強い二十歳前後の頃に、父尊氏から味わわされた屈辱と挫折感は、直冬にとって一生忘れることができない出来事であったであろう。

尊氏に対する憎悪

自己の宿命へのコンプレックスは、逆に父尊氏に対する激しい近親憎悪として爆発することになったであろう。この失意に打ちのめされている直冬を慰めたのは、叔父であり養父であった直義であったと推測される。

直冬は直義の庇護《ひご》に恩義を感じながらも、その感情を父尊氏に抱くのであったならば、その喜びは一層大きかっただろうと思ったに相違ない。しかしその尊氏は正室登子や義詮・基氏らの子供たちに囲まれて、直冬の手の届かないはるか遠い所にあった。直冬のやり場のない憤《いきどお》りは、やがて登子・義詮にも向けられて行くことになった。

第二　西国への下向

一　長門探題への左遷

長門探題として下向

このような直冬に対する周囲の動きを見て、直義《ただよし》はしばらく直冬を京都から離れさせることがよいと判断したらしい。尊氏《たかうじ》も直義の提案に賛成し、直冬を長門《ながと》探題《たんだい》として下《げ》向《こう》させることにした。

長門探題の任務

貞和《じょうわ》五年（一三四九）四月七日、直冬は備後《びんご》国浄土寺（現広島県尾道市）長老に対し、西国への下向の旨を報じ、祈禱《きとう》を依頼しているので、直冬の長門探題任命はそれ以前であったと思われる。長門探題の任務は備後・備中《びっちゅう》・安芸《あき》・周防《すおう》・長門・出雲《いずも》・因幡《いなば》・伯耆《ほうき》の中国地方八ヵ国を管領《かんれい》することにあった。長門探題は鎌倉幕府がモンゴル襲来に備え、北条氏一族を長門・周防国守護《しゅご》として派遣したことから、一般に長門探題の呼称が用いられたことが知られるが、常設の役職ではない。したがって尊氏が直冬を離京させるために、特別に設けた役職であったといえる。そのため評定衆《ひょうじょうしゅう》、奉行人《ぶぎょうにん》以下多数の軍勢が随行することになった。その中には、直冬が九州に下向した後、その側近として活躍した仁科盛宗《にしなもりむね》もいた。

評定衆・奉行人の随行

父尊氏から長門探題に任じられた直冬は、はじめて任務を与えられて赴任することができる喜びの気持とともに、京都における尊氏・高師直《こうのもろなお》と養父直義との対立抗争の激化、周囲の自分に対する反感などを考える時、再び無事帰京することができるであろうかとの、前途に対する不安にもかられていたに相違ない。

直冬の期待と不安

四月十一日の朝、出発後に降り始めたそぼ降る雨の中、直冬は長門国に向けて京都の地を離れて行った。出発する直冬の気持は、その日の天候と同じように、決して晴れやかなものではなかったと思われる。

京都を出発

直冬は途中備後国鞆《とも》（現広島県福山市鞆町）に着いて、周辺の武士たちに対し恩賞を与え、その勢力を定着させようとした。中国地方を管領する長門探題の任務を円滑に遂行するには、人心の掌握が最も大切と考えた配慮であったと思われる。

備後鞆に滞在

そしてそこでわかったことは、高師直・師泰《もろやす》兄弟の日頃の悪行の数々であった。そのため直冬は、長門探題として下向する前に、途中から京都に引き返し、直義と協力して

高師直・師泰の悪行

鞆の浦（毎日新聞社提供）

師直兄弟を排除することが先決であると考えるようになった。直冬は鞆の地に留まり、長門には赴かず、周囲の経営に努め、勢力の拡大を図ることに専念した。

　このような直冬の行動は、尊氏・師直からすれば命令違反であり、直義と連繋して謀叛を企てようとしているのではないかとの疑惑の目で見られるようになった。

直冬の政治的地位の浮沈

　直冬の生涯は、直義の庇護《ひご》によって左右されていたといっても過言ではない。したがって直義の室町幕府内における政治権力の浮沈は、とりも直さず直冬の政治的地位の浮沈に連動することになった。

室町幕府内での直義の地位

　これよりさき延元《えんげん》三年・建武《けんむ》五年（一三三八）八月十一日、尊氏は北朝から征夷大将軍《せいいたいしょうぐん》に任じられ、室町幕府を開設することになった。同じ日に、直義も左兵衛督《さひょうえのかみ》に任ぜられている。『太平記』はこれを評して「日本ノ副将軍ニ成給フ」「兄弟一時ニ相双《あいならん》デ、大樹ノ武将ニ備《そなわる》事、古今未《いまだ》其例ヲ聞ズト、其方様《そのかたざま》ノ人ハ、皆驕逸《きょういつ》ノ思気色《きしょく》ニ顕《あらわれ》タリ」と述べている。

尊氏・直義の二頭政治

このことは室町幕府初頭の政治体制が、尊氏・直義による二頭政治であったことを示している。尊氏は武士を統率する軍事面での最高指揮者であり、直義は民事裁判権・所領安堵《あんど》権を掌握する政治支配面の最高責任者であった。

直義と高師直との対立

そして尊氏は、直義と終始ライバル関係にあった師泰を武士を統轄する侍所《さむらいどころ》長官に、執事には師直の高氏兄弟を任じていた。軍事面と政治面の対立抗争はしばしば見られるところであるが、二頭政治が永続きした例はない。尊氏と直義の場合も例外ではなかった。室町幕府の場合は、尊氏の権限を代行する高兄弟と直義の対立抗争として表面化することになった。

師直を執事から解任

正平《しょうへい》四年・貞和五年（一三四九）閏《うるう》六月、直義は上杉重能《しげよし》・畠山直宗《はたけやまただむね》と結託して、師直を自邸に招いて謀殺しようとしたが失敗した。そこで尊氏に迫って師直を執事から解任させることに成功した。

直義の失脚

しかし八月に入ると、師直は赤松則村《のりむら》の支援を受けて、大軍を率いて直義を包囲したので、直義は尊氏の屋敷に逃げ込んだ。師直は尊氏に直義の職務の解任を要求し、その後任に義詮《よしあきら》を就任させた。こうして師直は軍事力によって、直義を政治面から失脚させることに成功した。

二頭政治の解消

この師直と直義との対立抗争をめぐって、尊氏は調停者の立場にあったが、直義が失脚したことにより、念願していた二頭政治の解消を実現することができ、室町幕府における尊氏の地位は揺ぎないものとなった。

師直、直冬の上洛を阻止

直義を失脚させることに成功した師直は、尊氏の権威を背景に権勢をほしいままにすることになり、直冬の地位もきわめて危うい状況になりつつあった。師直と直義の対立が激化する中、直冬は備後より上洛《じょうらく》しようとしたが、師直の意を受けた則村によって上洛を阻止され果すことができなかった。

師直に対抗し軍勢を催促

しかし直義が失脚した後も、直冬は周辺の武士たちに軍勢催促状を発給し、師直に対抗しようとしていたことがわかる。

京都無為《ぶい》の事、仰せ下さるるところなり、而《しかる》に国中物忩《ぶっそう》の由、その聞えあり、何様の事や、仍《よ》って当所警固《けいご》のため、馳《は》せ参ずべきの状件《くだん》のごとし、

貞和五年八月廿八日　（足利直冬）（花押）

内田保賀三郎殿　（皇学館大学所蔵文書）

尊氏、直冬討伐を決意

そこで尊氏は直冬の討伐を決意した。その命を受けた師直は、鞆周辺の武士に直冬の誅《ちゅう》伐《ばつ》を命じた。

直冬の九州落下

九月十三日、杉原又三郎は二〇〇余騎の兵を率いて直冬の宿所を急襲した。不意を打たれた直冬は防ぐべき兵も少なく、逃れるのが精一杯であったが、磯部《いそべ》左近将監《さこんのしょうげん》の助けによって、ようやく肥後《ひご》国住人河尻幸俊《かわじりゆきとし》の船に飛び乗り、九州に落ち下り再起を図ることになった。供する者も小舟に乗って、直冬の乗っている舟を追いかける有様であった。

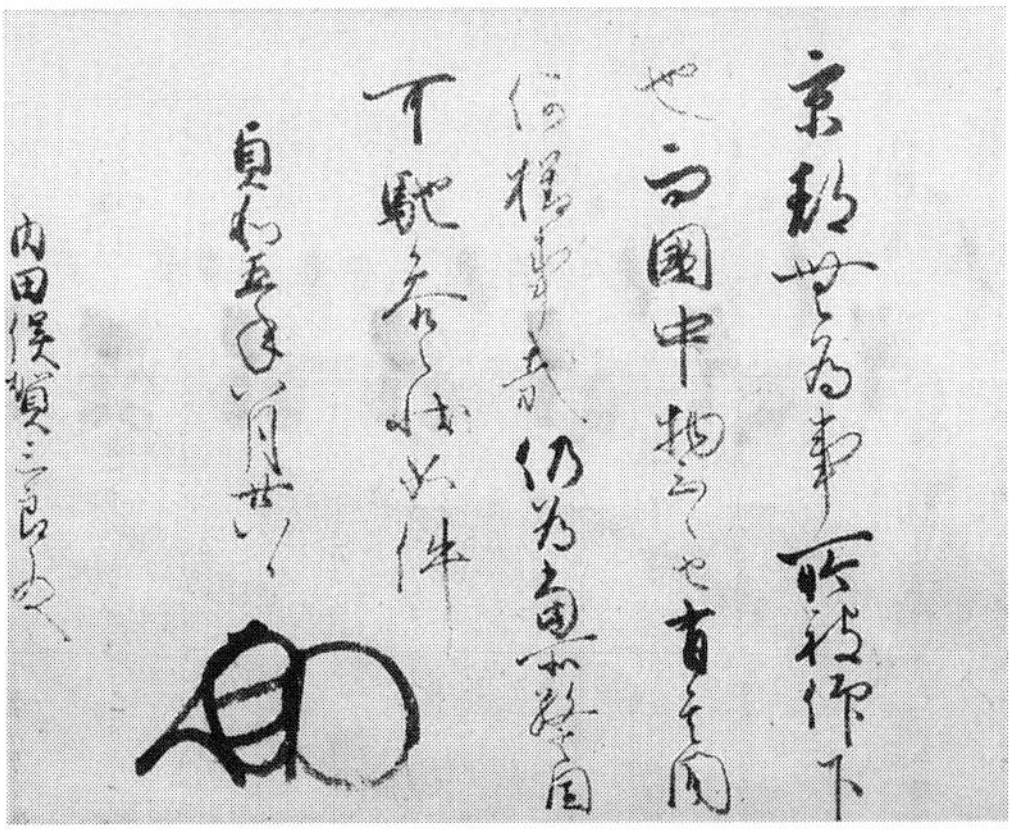

足利直冬軍勢催促状（皇学館大学文学部国史学科所蔵）

失意の直冬

落ち行く船の中で、失意の直冬を慰めるため、人々はかつて尊氏・直義兄弟も九州に逃れた後、筑前国多々良《たたら》浜（現福岡市東区）の合戦で勝利を得て、間もなく帰洛した故事をあげて、佳例《かれい》であるとしたが、直冬にとって九州の地はまったく未知の所であり、供する兵も少なく、前途はまことに暗く、心細い限りであったと思われる。

『太平記』には、直冬が船中で詠《よ》んだ歌として、

梓弓《あづさゆみ》我コソアラメ引連テ
人ニサヘウキ月ヲ見セツル

を引用しているが、その真偽はともかく、直冬の心中の思いは、この歌の通りであったと思われる。

二　鎮西没落

九州管領一色道猷

直冬が目指した九州の当時の状況は、尊氏が東上するに際し、博多《はかた》に残置した一色道《いっしきどう》猷《ゆう》（範氏《のりうじ》）が九州の経営に当たっていた。道猷は後に九州管領《かんれい》と称されることになったが、その任務は九州在地武士団を北朝方支持勢力として固定し、九州における南朝支持勢力の駆逐と勢力拡大の防止にあった。道猷は九州在地守護であった少弐《しょうに》氏、大友氏の協力を得て、しばしば肥後の菊池氏討伐の軍を進めたが、なお決定的打撃を与えるま

日向・大隅の国大将畠山直顕

でには至らなかった。また日向《ひゅうが》・大隅《おおすみ》地方には、北朝方の国の大将として畠山直顕《ただあき》が派遣されており、薩摩《さつま》の守護島津氏と協力して、菊池氏を包囲する態勢を形成していた。

菊池氏

征西将軍宮の薩摩上陸

これに対し、南朝方の中心勢力である菊池氏は、道猷、直顕と対立抗争を繰り返していたが、興国《こうこく》三年・康永《こうえい》元年（一三四二）五月、薩摩国に上陸した征西将軍宮懐良親王《せいせいしょうぐんのみやかねよししんのう》が、正平《しょうへい》三年・貞和四年（一三四八）十一月、菊池氏を頼って肥後に入り、南朝方の勢力の回復拡大を意図していた。南北両勢力共に、勢力拡大のためには浮動的性格を有する国人《こくじん》層を味方に引き入れることが重要な課題であった。

直冬の九州上陸地点

そこで両勢力はそれぞれ在地武士の所領安堵を約束することによって、支持勢力の拡大固定化を図っていた。このような九州の状況の中で、直冬の上陸地点をどこにするかが問題となったはずである。尊氏から追討の対象とされた身としては、道猷の支配権が強い博多周辺地域を上陸地とすることはできなかった。さりとて紀伊《きい》国の南朝方の軍勢を討伐することによって初陣《ういじん》を飾った直冬としては、九州の南朝方の勢力の強い地域を選ぶこともできなかったであろう。

肥後河尻津に上陸

この直冬の微妙な立場は、九州滞在中の約三年余の間、変わることはなかった。そこで取りあえず河尻氏の本拠地である肥後国河尻津（現熊本市川尻町）付近に上陸した。

弱小国人勢力への期待

直冬としては、自分に対する支持が期待できるのは、いまだ南北両勢力に旗幟《きし》を鮮明にしていない浮動的弱小在地国人勢力のみであった。そこで上陸すると早速これら周辺の国人層に対して、味方として馳せ参じてくれることを求めている。

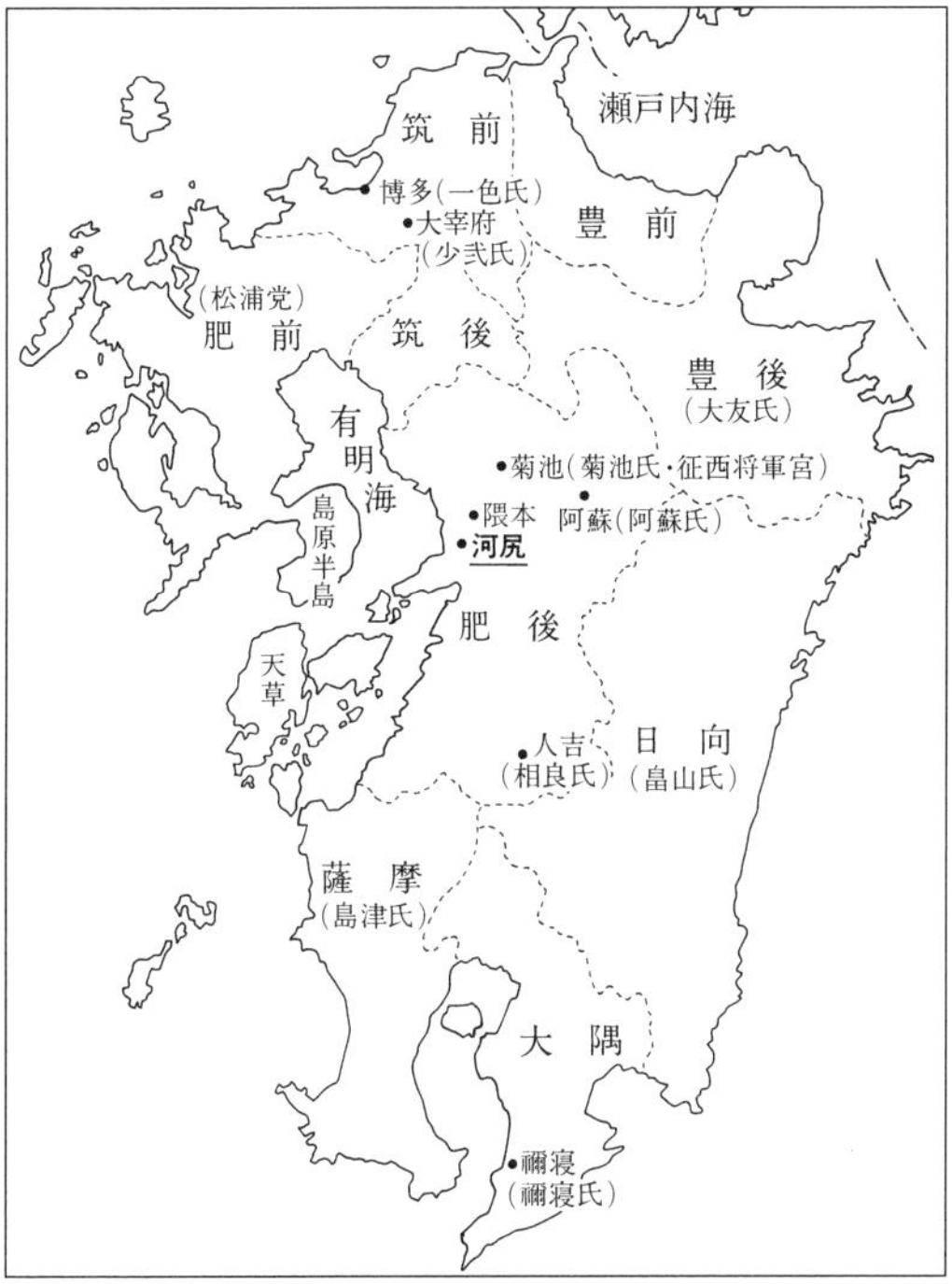

足利直冬上陸時の九州地方勢力分布

京都より仰せらるるの旨あるにより、下向せしむるところなり、早々に馳せ参じ、
事の子細を承《うけたまわ》り、その旨を存ぜらるべきの状件のごとし、

貞和五年九月十六日　（足利直冬）（花押）

志岐《しき》（隆弘）兵藤太郎殿　（志岐文書）

直冬の軍勢催促

志岐氏は肥後国天草《あまくさ》地方に勢力を伸長していた国人の一人である。ここで注目すべきことは、父尊氏から追撃されて逃亡してきた身でありながら、尊氏の将軍としての権威をかりて、国人の支持を得ようとしていることである。他に頼るべき何物も持ち合わせていない直冬としては、自分を実子として認めない冷淡な父であっても、尊氏の子供であることを最大限に利用する以外に策がないことは皮肉なことであった。

尊氏の権威を利用

この時直冬が同内容の文書を発給した者として阿蘇大宮司宇治惟時《あそだいぐうじうじこれとき》がいる。惟時は早速直冬に使者を送り、馳せ参ずることを伝えたらしく、直冬は次の書状を惟時に送っている。

肥後阿蘇大宮司宇治維時の馳参

参らるべきの由、使者到来候の条、悦《よろこ》び思《おぼ》しめさるるところなり、忠節を致さるれば、社領等の事においては、相違あるべからず候、恐々謹言、

（貞和五）九月廿日　（足利）直冬花押

阿蘇《(宇治惟時)》大宮司殿　（阿蘇家文書）

阿蘇社への所領寄進

さらに直冬、河尻幸俊は阿蘇社（現熊本県阿蘇市）に所領を寄進して所願成就《じょうじゅ》の願文《がんもん》を捧げているが、その所願の一つとして、尊氏と直義の御息災延命を挙げている。ここに直冬の九州上陸は一応成功し、勢力拡大の足場を確保することができた。

尊氏、直冬に出家を命ず

しかし直冬の九州逃亡を知り驚いた尊氏は、師直に書状を送り、直冬に出家を命じたことを伝えている。

兵衛佐《(足利直冬)》出家の事、おほせ《(仰)》られて候、そのぎ《(儀)》なくバ、いづくにも候へ、あひと《(相止)》ゞめてちうしん《(注進)》し候べきよし《(由)》、九国の物どもにあひふれ《(相触)》られ候べく候、

九月《(貞和五年)》廿八日　御判《(足利尊氏)》

武蔵《(高師直)》守殿

○原文仮名　（阿蘇家文書）

この命を受けて、師直はその旨を九州の諸豪族に伝えているが、尊氏も自ら御教書《みぎょうしょ》を発給している。

兵衛佐《(足利直冬)》の事、出家すべきの由仰せ遣《つか》わすの処《ところ》、肥後国河尻津に落ち下ると云々、不《ふ》日《じつ》在所に打ち向かい、素懐《そかい》を遂げ、無為に上洛せしめば、子細に及ばず、其の儀なくんば、法に任せて沙汰《さた》致すべきの状件のごとし、

貞和五年十月十一日　（花押《（足利尊氏）》）
阿蘇《（宇治惟時）》大宮司殿
（阿蘇家文書）

惟時への尊氏・直冬の働きかけ

尊氏は直冬を九州から追い出し、京都に上洛させることを命じている。このように惟時の所には、尊氏と直冬の両方からの働きかけが行われていたことがわかる。しかしその効果が現れないことを知った尊氏は、直冬の誅伐へとその命令をエスカレートさせている。

尊氏、直冬の誅伐を命ず

□《（兵）》衛佐《（足利直冬）》が事、すでにふけう《（不孝）》のとが《（科）》のがれ《（逃）》がたく候、そのうへゐんぼう《（隠謀）》のくわだて《（企）》おどろき《（驚）》おぼし《（覚）》て候、いそぎ《（急）》一ぞく《（族）》・ぶん《（分）》国のぐん《（軍勢）》□《（ぜ）》いもよ《（催）》をして、じこく《（時刻）》をめぐら《（廻）》さずうち《（打）》てまいらすべし、
正月六日《（貞和六年）》　御はん《（足利尊氏）》
嶋津上総入道《（貞久・道鑑）》殿
○原文仮名　（比志島文書）

父子で異なる軍勢催促状

一方、この頃各地の国人層に発給した直冬の軍勢催促状の中には、必ず、「両殿の御意を息《やす》め奉《たてまつ》らんがため、打ち立つところなり」という文言が入っている。すなわち直冬は尊氏・直義の意向を受けて、九州に下向して来ていることを強調しているのである。

それに対し、尊氏は直冬の隠謀はすでに露《ろ》顕《けん》しているから、直冬を誅伐しろと命じて

いるわけである。父子の間でまったく異なる軍勢催促状を受け取ることになった九州の在地国人層はとまどい、いずれが真実であるのか態度を明らかにすることに躊躇《ちゅうちょ》することになったであろう。

国人たちのとまどい

中には父が子を誅伐しろと命じるのは異常なことなので、これは尊氏の真意ではなく、側近の師直の意向によるものと受け取った者もいたであろう。直冬もまた、これが尊氏の真意でないことの宣伝に努めたであろう。

直冬の悲劇的立場

しかし父尊氏の自分に対する真意がいずれであるか、一番よく知っていたのは直冬自身であったはずである。それでもなお尊氏の御意を息め奉るためと称さねばならなかったところに、直冬の置かれている悲劇的立場があった。

直冬の恩賞地給付

このように直冬は国人たちに軍勢催促状を発給しているが、それに応じて馳せ参じてくれた者には、恩賞地を給付して味方として定着させる必要があった。そこで早くも肥《ひ》後《ご》国詫磨《たくま》氏に恩賞地を与えている。

下《くだ》す　詫磨徳一丸《とくいちまろ》

筑後国三潴《みぬま》間庄地頭職《じとうしき》の事付けたり領家《りょうけ》職

右、恩賞の地として、充行《あてが》うところなり、早く先例を守り、領掌《りょうしょう》すべきの状件の

ごとし、

貞和五年十一月十九日　（足利直冬）（花押）

（詫摩文書）

直冬の支配権

さらに同日付で、詫磨宗直《むねなお》に対し、筑後国守護職、筑後国竹野四箇郷（現福岡県うきは市・久留米市・三井郡）地頭職、肥後国山本荘（現熊本県熊本市北区植木町）地頭職、肥前国山田荘（現長崎県雲仙市吾妻町）地頭職等を恩賞地として与えている。しかしこの時点では、直冬の支配権は筑後国・肥前国までは及んでおらず、まして直冬に守護職補任《ぶにん》の権限が付与されていたわけではない。したがって、これらの恩賞地給付は、ほとんど実効性の少ない約束手形のようなものであった。

所領安堵の有効性

これに対し、これまで知行《ちぎょう》してきた所領に対する安堵を与えることは、自らの権力の存在を認識させるのに最も有効な手段である。したがって直冬の勢力が拡大するに伴って、馳せ参じた国人層は争って直冬の所領安堵を求めることになった。

最初に直冬が軍勢催促状を発給した志岐隆弘も所領の安堵を求めている。

山鹿《やまが》兵藤太郎隆弘申す肥後国天草郡内志岐四箇浦ならびに本砥《ほんど》・亀河《かめかわ》・佐伊津《さいつ》・沢《さわ》張《ばり》・鬼池《おにいけ》・蒲牟田《かまむた》等の地頭職の事、知行相違あるべからざるの状件のごとし、

貞和五年十二月十九日　（足利直冬）（花押）

（志岐文書）

所領安堵裏書

しかし貞和六年（一三五〇）十月以降は、所領安堵を求める申状《もうしじょう》に裏書として、

　此状に任せ、領掌せしむべし、もし不実を構うれば、罪科に処すべきの状件のごとし、

　　年　月　日　（足利直冬）（花押）

と書き与えることによって、所領を安堵する方法を採用している。このような残存する裏書安堵状は三十六通を数えることができる。このことは所領安堵を求める者の増加に対応する方策であり、一時的とはいえ、九州の国人が直冬の保障を期待していたことを示しており、それは直冬支持勢力の拡大を反映する現象であったといえよう。

直冬与同の輩

肥後国河尻津に上陸した直冬は、周辺の国人層を味方に付け、足場を固めることに成功したが、貞和六年に入るといよいよ全九州を視野に入れて活動を開始している。すなわち肥前国の大河内宥《おおこうちゆるす》、武末授《たけすえさずく》、白石一族、安富千寿王《やすとみせんじゅおう》、安富直泰《なおやす》、橘薩摩有智大夫房、深堀正綱、有馬澄世《すみよ》、斑嶋納《まだらじまおさむ》、大嶋聞《きこゆ》、同庶子九人、青方重《あおかたしげし》、白石大草野通秀《みちひで》、龍《りゅう》造寺《ぞうじ》家平、大隅国の禰寝《ねじめ》清成、豊後国の詫磨宗直、野上広資《のがみひろすけ》、肥後国の相良《さがら》定長、小《しょう》代《だい》政氏、三池親元《みいけちかもと》、薩摩国の河上家治、筑前国の王丸《おうまる》女子らが軍勢催促状を受けて直冬の下に馳せ参じたり、軍忠状《ぐんちゅうじょう》を提出し証判を与えられており、さらに勲功賞を給付さ

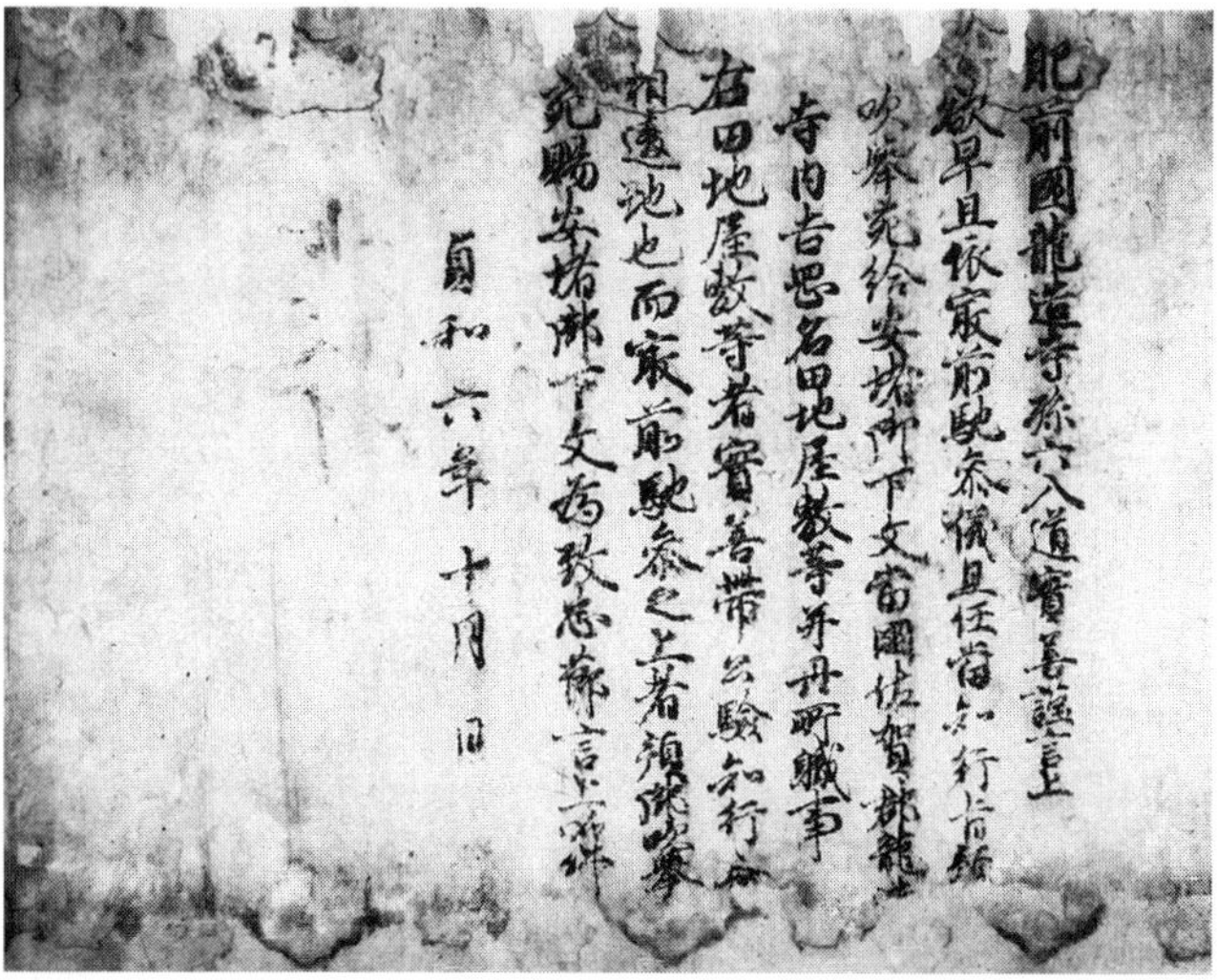

龍造寺実善申状ならびに足利直冬安堵裏書

（佐賀県立図書館所蔵「龍造寺文書」）

れている。

貞和年号の使用継続

この間、発給文書の年号を南朝方は正平年号、北朝方は貞和年号を使用していたが、北朝方は貞和六年二月二十七日に観応《かんのう》と改元した。ところが、直冬は改元後も約一年四ヵ月余にわたって、改元前の貞和年号を使い続けることによって、父尊氏に対する反抗姿勢を明らかにしている。したがってこの間一年四ヵ月余、九州の地においては、正平・観応・貞和の三つの年号が併存することになった。正平年号を用いているのは南朝支持勢力、観応年号を用いているのは北朝支持勢力、貞和年号を用いているのは直冬支持勢力とはっきり色分けされることがわかる。

正平・観応・貞和年号の併存

三勢力鼎立

このようにして、それまでの道猷と征西将軍宮の対立抗争に直冬が加わり、三つの勢力が鼎立《ていりつ》することになった。『太平記』はこの状況を、

是ニ依テ宮方、将軍方、兵衛佐殿方トテ国々三《みつ》ニ分レシカバ、世中ノ忿劇《そうげき》弥《いよいよ》無《やむ》二休時《ときなし》一、只漢ノ代傾テ後、呉《ご》魏《ぎ》蜀《しょく》ノ三国鼎《かなえ》ノ如クニ峙《そばだち》テ、互ニ二《ふたつ》ヲ亡《ほろぼ》サントセシ戦国ノ始ニ相似タリ。

と評している。そしてそれぞれは、自己勢力拡大のため、相手の支持勢力の切り崩しを図っている。

浮動国人層への配慮

その場合、恩賞、所領安堵など利をもって誘っている。恩賞地は原則として相手方に付いた者の所領を没収して、味方に馳せ参じた者に与えているが、もし没収された者が味方に付いた場合は、恩賞地はその者に返却し、恩賞地を給付されていた者には別の替地を与えることを約束している。これは没収された者に所領が返却されることを期待させることによって、味方に寝返る余地を残しておくための配慮であった。

浮動国人層の動向

しかし支持勢力を拡大する最も有効な手段は、国人層をして自発的に馳せ参じることが身のためになると自覚させることにあった。国人層はひとたび形勢が有利になれば、雪崩《なだれ》を打って馳せ参じて来るし、形勢不利と判断されれば、馳せ参じていた者も潮の引くように離散することになった。これが弱小浮動勢力の特質であり、その行動は利害得失によって左右されていた。

そこで鼎立する三者は、浮動勢力を味方に引き入れておくためには、常に他に対して有利な状況を展開し、それを保持していることを誇示する必要があった。

肥前への今川直貞の派遣

直冬は、貞和六年二月には、北九州に勢力を有していた道猷と対決することを決意し、活動を開始した。まず肥後から筑後方面への進出を図るとともに、肥前には部将今川直《なお》貞《さだ》を派遣し、この地方に支持基盤を確立し、筑後と肥前両面から大宰府《だざいふ》を挟撃する作戦を企図した。また薩摩守護島津氏等を牽制するため、部将吉見《よしみ》頼房《よりふさ》の肥後派遣を人吉《ひとよし》（現熊本県人吉市）の相良定長に報じている。これに対し四月三日に、直冬の北上を押えるため少弐《しょうに》頼尚《よりひさ》は大宰府を出発しており、直冬方の河尻幸俊、詫磨宗直らが肥後国大和太郎左衛門の城を攻撃したのに対し、少弐資尚《すけひさ》以下筑前・筑後両国の守護代等の軍勢が援軍として派遣されている。

　一方今川直貞は、三月十八日に肥前国杵島《きしま》郡長嶋《ながしま》荘・塚崎《つかざき》荘（現佐賀県武雄《たけお》市）に入り、十九日に武雄社に所領を寄進し、二十三日に宮裾《みやすそ》村（現佐賀県武雄市北方《きたがた》町）、五月一日には橘薩摩東福寺公世《きみよ》・深堀広綱・武末授らが須古《すこ》城（現佐賀県杵島郡白石町）で合戦し、直貞が軍忠状に証判を与えている。このほか武末授の軍忠状によれば、三月二十四日に萩《はぎの》尾原《おばる》（現佐賀県武雄市）に馳せ参じ、多久《たく》（現佐賀県多久市）、多々良《たたら》峯（現佐賀県武雄市）、牛尾《うしのお》城（現佐賀県小城《おぎ》市）、春日《かすが》山（現佐賀県佐賀市大和町）、烏帽子《えぼし》嶽（現佐賀県小城市）等に転戦し、直貞が証判を与えている。彼らが合戦した相手は、直貞の肥前の進出に対抗するため道猷が派遣した子息一色直氏《なおうじ》・一色師光《もろみつ》・一色少輔五郎らに率いられている軍勢であった。その軍勢の中には本告季幸《もとおりすえゆき》・松浦《まつら》波多《はた》巧《たくみ》・松浦青方高直《たかなお》・龍造寺家政《いえまさ》・綾部《あやべ》兵庫助《ひょうごのすけ》らがいた。

肥後への吉見頼房の派遣

肥後大和太郎左衛門城の合戦

肥前須古城の合戦

肥前上瀧山・萩尾の合戦

さらに本告季幸の観応《かんのう》元年（一三五〇）六月十日の軍忠状によれば、三月二十三日に上瀧《わたき》山・萩尾（現佐賀県武雄市）で合戦し、自身が疵《きず》を負い、若党四人が死傷したことを注進している。

肥後鹿子木城の合戦

また龍造寺家平の貞和六年（一三五〇）五月日の軍忠状によれば、四月二十二日、肥後国鹿子木《かのこぎ》城（現熊本市鹿子木町）を攻め、五月二十一日には大手に押し寄せ、木戸を破却し散々に合戦したとあり、直冬がこれに証判を与えている。

直冬の戦略

これらの合戦の状況から直冬の戦略を推測すれば、九州を支配していることを示す象徴的存在である大宰府を攻略することによって、九州における覇権を掌握したことを内外に示したいと意図していたものと考えられる。

第三　観応の擾乱

一　九州への波及

一色道猷勢力の衰退

これまで尊氏《たかうじ》は、一色道猷《いっしきどうゆう》をはじめ、九州の有力武士たちに直接直冬誅伐《ちゅうばつ》命令を下すことによって、直冬の勢力拡大を抑止しようとしていた。しかしその効果は現れず、日を追うごとに直冬の勢力は強化され、逆に道猷の勢力は減退し、博多《はかた》周辺に追い詰められる状況となり、放置すれば直冬による全九州の席捲《せっけん》も時間の問題となりつつあった。

直冬と征西将軍宮との協調関係

当面の敵である道猷を打倒するため、直冬は九州に上陸以来、征西将軍宮《せいせいしょうぐんのみや》方とはむしろ協調的姿勢を維持して来た。

直冬上洛の噂

このような九州の状況は京都にも伝わっており、『園太暦《えんたいりゃく》』貞和《じょうわ》五年（一三四九）十二月六日の記事には、直冬が九州で猛勢を極め、高師直《こうのもろなお》・師泰《もろやす》を治罰するため、京都に攻め上ることを企てているとの噂があると記されている。

尊氏・師直はこのような状況を知り、自ら軍勢を率いて九州に下向《げこう》し、直冬の討伐を決意することになった。

尊氏の九州下向計画

そこで尊氏は下向の通路に当る中国地方の有力国人《こくじん》たちに、次々と軍勢催促状を送っている。

> 直冬(足利)已下の凶徒退治のため、越後守《えちごのかみ》師泰(高)を差し遣《つか》わすところなり、早く発向せしむべきの状件《くだん》のごとし、
>
> 観応元年六月十五日　(花押)(足利尊氏)
>
> 小早河安芸五郎(氏平)左衛門尉殿
>
> (小早川家文書)

このような動きを察知した直冬も、中国地方の有力国人たちに軍勢催促状を発給し、尊氏の軍勢の九州下向を阻止させようとしている。

尊氏の九州下向を阻止

> 両殿の御意《ぎょい》を息《やす》め奉《たてまつ》らんがため、打ち立つところなり、急速に馳《は》せ参じ、忠節を致すべきの状件のごとし、
>
> 貞和六年六月廿日　(花押)(足利直冬)
>
> 吉河又次郎(実経)殿
>
> (吉川家文書)

直冬の布石

そして軍勢催促のみならず、所領安堵《あんど》、恩賞地の給与も行っているところからすれば、

尊氏の軍勢の阻止のためばかりでなく、将来直冬が九州から上洛《じょうらく》することを想定して、支持勢力を確保しておく布石を打っていたものと思われる。その対象は中国地方のみならず、四国地方の国人にも及んでいる。

高師泰の下向

そこで六月二十一日、尊氏軍の先鋒として、師泰が直冬追討の光厳《こうごん》上皇《じょうこう》院宣《いんぜん》を奉じ、錦《にしきの》御旗《みはた》を用意し京都を出発したが、直義《ただよし》と通じた桃井《もものい》義郷《よしさと》が中国大将軍として、師直・師泰以下与党の輩を誅伐するため石見《いわみ》国に下向していたため、その支持勢力によって進軍を阻止され、容易に九州に下向できない状況となった。

師泰出雲に没落

『園太暦』観応《かんのう》元年（一三五〇）十一月十日の条には、通路難儀のため進発することができず、師泰は石見三角（隅）城（現島根県那賀《なか》郡三隅《みすみ》町）より追い落とされ、出雲《いずも》国に没落したとの噂があると記されている。また少弐《しょうに》頼尚《よりひさ》も貞和六年十一月十六日の阿蘇《あそ》大宮司《だいぐうじ》惟時《これとき》宛の書状の中で「中国の事、高越州（師泰）、岩見（石）にて追い落とされ候て、安芸《あき》国に出られ候いけるか、上洛の由風聞せしめ候、御不審のため申さしめ候、かくのごとく候へバ、いよいよ目出たく存じ候」と報じている。

筑前少弐氏の九州での地位

少弐氏の祖である武藤《むとう》氏は、鎌倉時代初期に筑前国守護《しゅご》として、武蔵《むさし》国より下向して以来、大宰《だざい》少弐をはじめ多くの九州における重要権限を兼帯したことにより、大友氏・

大宰府の現地最高責任者

島津氏とともに、九州における在地有力武士団として存在していた。中でも少弐氏は、九州全域を統治する機関として設置されていた大宰府の現地最高責任者として大宰少弐に任命されて、これを世襲することによって鎌倉時代を通じて君臨してきた実績を保持していた。

少弐氏の功績

元弘三年（一三三三）五月の鎮西探題《ちんぜいたんだい》赤橋英時《ひでとき》の滅亡の際、少弐氏は大友氏・島津氏とともにその原動力として活躍した。さらに建武三年（一三三六）二月、尊氏が九州に落ち延びてきた時は、少弐頼尚は尊氏方の主力として筑前多々良浜《たたらはま》（現福岡市東区）の合戦を戦い、菊池武敏《たけとし》軍撃滅に大いに貢献した。短い期間で九州在地武士団を尊氏の配下にまとめ、尊氏の再起東上を可能にし、湊川《みなとがわ》（現兵庫県神戸市兵庫区）の合戦で勝利を収め、ついに室町幕府樹立に導くことになった。その意味で室町幕府発足のために果した少弐氏の功績は高く評価されてしかるべきであったと思われる。

道猷の博多留置

少弐頼尚の屈辱

ところが尊氏は九州から東上するに際して、配下の一色道猷に全九州の経営をまかせ、最高責任者に任じて博多に留置した。以来道猷は九州管領《かんれい》と呼称され、頼尚は道猷の指揮下に属することになった。このことはこれまで大宰少弐として全九州に君臨して来た頼尚としては、耐え難い屈辱的なことであったに相違ない。さりとて宿命的対立関係に

道猷と頼尚の対立

あった菊池氏が擁《よう》する征西将軍宮方に味方することもできなかった。そのため、少弐氏は守護権限の拡大を意図して九州管領と折に触れて対立しながらも、その指揮より離脱することができず、悶々《もんもん》の日々を送っていたものと思われる。

直冬前途への期待と不安

そのような時、九州に下向して来た尊氏の子直冬は、頼尚にとって大将に仰ぐ恰好の人物であったと思われる。しかし直冬の前途はなお未知数であり、頼尚としては態度を決するためには、充分周囲の状況を見極める必要があり、軽々には決断することはできなかったと思われる。

多々良浜古戦場跡碑

観応元年五月日、成恒種定軍忠状《なりつねたねさだぐんちゅうじょう》によれば、種定は頼尚の手に属して戦ったと述べており、この軍忠状には観応年号が用いられているので、道猷方として軍忠を抽《ぬきん》じたものであることを示している。したがって、観応元年五月の時点では、頼尚はなお道猷方に属していたことがわかる。

頼尚の直冬与同

ところが同九月二十八日には、ついに頼尚が直冬方に与同する決断をしたことがわかる。

京都より仰せ下さるる子細候の間、佐殿（足利直冬）の御方《みかた》に参り候、御同心候はば悦《よろこ》び入り候、
恐々謹言、
（貞和六年）九月廿八日　　頼尚（少弐）（花押）
深堀三郎五郎殿（時明）
（深堀家文書）

頼尚決断の背景

頼尚が直冬に与同することに踏み切ったのは、直冬の支持勢力が拡大し、大宰府周辺にまで及んで来たためと思われる。しかし頼尚はあくまで直冬の下に馳せ参じることになった理由として、尊氏の命令に従ったものであることを強調している。そして通説では、直冬を大宰府の原山《はらやま》にある頼尚の邸宅に滞在させ、その女《め》を娶《と》らせて婿《むこ》としたことになっている。『太平記』でも「斯処《かかるところ》ニ太宰少弐頼尚如何《いかが》思ケン、此兵衛佐《ひょうえのすけ》殿ヲ聟《むこ》ニ取テ、己ガ館ニ奉《おきたてまつり》レ置ケレバ、筑紫九国ノ外モ随二其催促一、重二彼命一人多カリケリ」と記述されている。

頼尚、直冬を婿とする

この直冬と頼尚の合体は、これまでの九州における直冬・道猷・征西将軍宮三者の力

のバランスを崩すことになった。それまで頼尚は道猷方にとって主要な勢力であったわけであるから、特に道猷方に与えた打撃は測り知れないものがあったであろう。頼尚の直冬への与同は道猷としては許し難い裏切り行為であった。

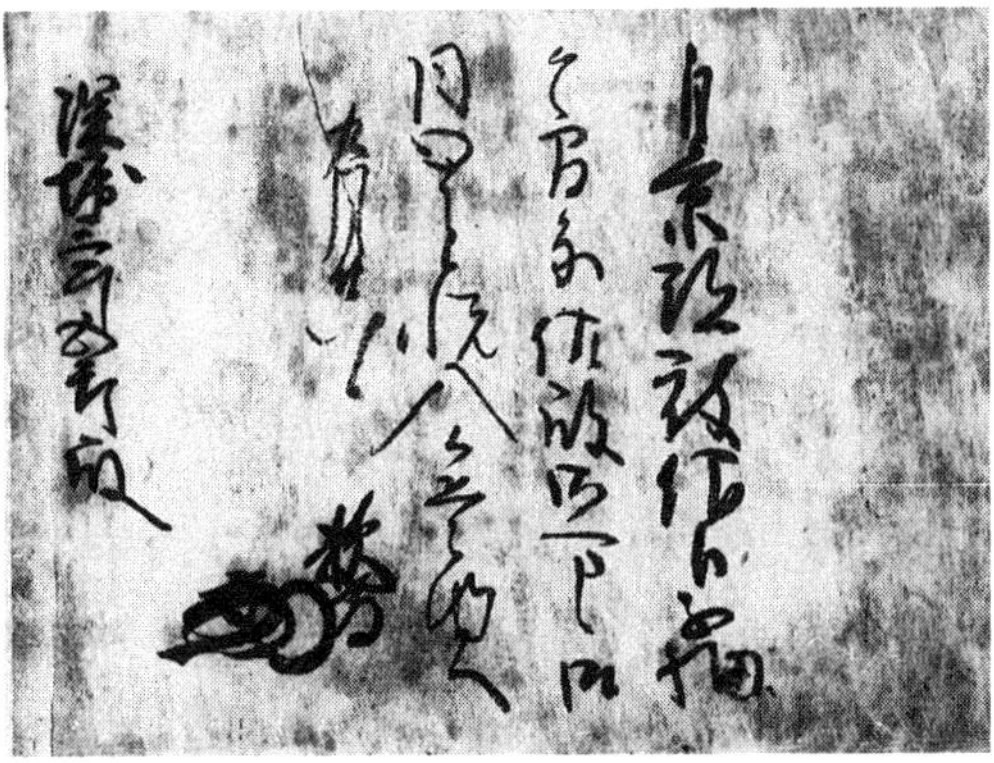

少弐頼尚書状（鍋島報效会所蔵「深堀家文書」）

浮動勢力の動向

しかも頼尚は直冬と合体したことを九州全土の有力国人たちに伝え、その支持を訴えている。これを受けて、状況が直冬に有利に傾いていることを敏感に察知した浮動勢力は、次々と頼尚の下に属して軍忠を抽じたことを記した軍忠状を捧げ、これに直冬が証判を与えている。

南朝方の関心

この合体には南朝方も関心を示しており、(正平五年)十月十五日の洞院実世《とういんさねよ》の書状によれば、実世は「九州の体《てい》何様や、直冬計策を運ぶか」と述べ、阿蘇大宮司宇治惟時に状況の報告を求めている。

一方、『園太暦』観応元年十月十六日の条にも「九州蜂起し、直冬に九州の勢靡《なび》き、大友・少弐以下帰せざるはなし」という状況とともに、大嘗会《だいじょうえ》を延引すべきかどうかまで議されたことが記されている。

尊氏・直冬の勧誘攻勢

当然頼尚・直冬与同の知らせは京都の尊氏の所にも届いており、早速惟時宛に次の文書を送っている。

太《（大）》宰筑後守頼尚《（少弐）》の事、直冬《（足利）》の返逆に与同せしむるによって、すでに発向するところなり、ここに彼の凶徒に属せず、御方に参るの由、聞《きこ》しめされおわんぬ、もっとも以て神妙、いよいよ忠節を致すべきの状件のごとし、

観応元年十月廿一日　　花押《（足利尊氏）》

阿蘇太《（大）》宮司殿《（宇治惟時）》

（阿蘇家文書）

ところが惟時は、同じ頃直冬からの軍勢催促状も受け取っている。

御方に馳せ参じ、忠節を致さば、抽賞あるべきの状件のごとし、

貞和六年十月廿六日　　（花押）《（足利直冬）》

阿蘇大宮司殿《（宇治惟時）》

（阿蘇家文書）

この頃の両勢力の勧誘攻勢がいかに熾烈《しれつ》であったかを物語っている。

窮地に追い込まれた道猷は、尊氏に対し早急に自身が大軍を率いて九州に下向される

ことを要請した。事態が切迫していることを知った師直も、尊氏の九州下向が必要であることを進言した。

尊氏、九州下向を決意

そこで尊氏は、義詮《よしあきら》に京都を守護させて、自ら師直以下の軍勢を率いて下向することを決意した。この間大友氏も直冬に与同したとの報が伝わり、京都に滞在していた少弐・大友氏の代官等が逐電《ちくでん》したとの風聞も広がっていた。このように京都では、九州の状況の急展開を知り、騒然とした状態に置かれていた。そのどさくさに紛《まぎ》れて、直義は京都を脱出し、大和《やまと》に逃亡した。師直は直ちに直義を追討しようとしたが、尊氏はこれを許さなかった。このことが後に、尊氏・師直にとっては重大事件に発展することになった。

直義の京都脱出

尊氏の京都出発

尊氏の九州下向に当り、光厳上皇は剣馬を与え激励した。十月二十八日、尊氏は師直らを率いて京都を出発した。途中石清水《いわしみず》八幡宮（現京都府八幡市）に参詣して戦勝を祈願し、十一月五日に兵庫に着き、しばらくその地に逗留していたが、京都が不穏との情報が届いたため、義詮に書を送り、禁裏《きんり》の警固を厳重にすべきことを命じている。このように尊氏は留守にする京都の状況に不安を感じていたことがわかる。

直義支持勢力の結集

さらに大和に逐電した直義は、周辺の国人を集め、師直・師泰の誅伐を企てつつあった。京都周辺の国人の中に、日頃の師直・師泰の横暴な振舞いに対して不満を抱いている者が多かったことが、直義を支持する勢力が急速に結集することができた理由と思われる。

直義の挙兵

直義は周辺の国人にとどまらず、伊予《いよ》の河野通盛《こうのみちもり》にも軍勢催促状を送っているが、その中で、「天下のため、将軍のため思い立つところなり、御方に参り、師直・師泰を誅伐せしめば、その望みにより忠賞あるべし」と述べており、君側《くんそく》の奸《かん》師直・師泰を排除することを挙兵の大義名分としている。

尊氏、備前に滞在

尊氏は直義謀叛の情報が入る中、十一月十八日に兵庫を出発し、備前《びぜん》国三石《みついし》（現岡山県備前市）を経て、十九日に備前国福岡（現岡山県瀬戸内市長船《おさふね》町）に到着し、しばらくこの地に滞在することになった。

直義の南朝帰順

その間十一月二十一日には、直義は畠山国清《はたけやまくにきよ》の居城である河内《かわち》国石川城（現大阪府南河内郡河南《かなん》町）に入り、十一月二十三日には、南朝方に降った。そして同二十九日には使者を尊氏の所に送り、師直・師泰を引き渡すよう要求した。

尊氏、進発できず

このような状況の急速な展開によって、尊氏は福岡より先に進むことはできなくなった。尊氏の九州下向を待ちわびた一色直氏《なおうじ》は、観応元年十二月には、尊氏の指示を仰ぐため、わざわざ長門《ながと》国赤間関《あかまがせき》（現山口県下関市）まで出迎えに来ている。

尊氏、九州下向を中止

尊氏は直義の挙兵により、九州下向を中止し、福岡を同年十二月三十日に出発し、帰京することになった。しかし直義は尊氏が帰京する前に、軍勢を率いて入京したため、

直義の入京

京都の留守を守っていた義詮は、観応二年（一三五一）正月十五日に京都より脱出した。そして尊氏・師直らの軍勢とともに京都を奪回しようとしたが、直義の軍勢との京都周辺の所々の合戦で敗退を続け、尊氏・義詮・師直らは、丹波《たんば》に逃れ、さらに播磨《はりま》へと落ちのびた。それまで尊氏に従っていた軍勢も次々と直義方に寝返る有様であった。形勢不利と判断した師直は、北国に逃れようとしたが果すことができなかった。

摂津打出浜の合戦

尊氏・義詮はその後も諸国の武士に軍勢催促状を発給し、頽勢挽回を図ったが、目的を達することができず、二月十七日、摂津《せっつ》国打出浜《うちではま》（現兵庫県芦屋市）で直義軍と合戦して

尊氏、直義と和議

敗退した。そこで尊氏は師直・師泰を出家させ、直義と和議を結ぶことを提案し、直義がこれを受け入れ、尊氏と直義との間で和議が成立した。

高師直・師泰の誅殺

しかし尊氏が兵庫を出発し帰京する途中、師直・師泰ら一族は二月二十六日、武庫川《むこがわ》（現兵庫県尼崎《あまがさき》市）付近で上杉能憲《よしのり》によって殺害された。直義は宿命のライバルであった師直・師泰を尊氏の側近から排除することに成功した。このことにより直義と尊氏の政治

尊氏と直義の地位逆転

的地位は逆転し、直義が一時優位に立つことになった。このことは、九州における直冬の地位にも大きな影響を与えることになった。

道猷、博多を放棄

直冬は頼尚が味方になったことにより、筑後・筑前両国にまで勢力を広げつつあった。苦境に追い込まれた道猷は、本拠の博多を放棄し、肥前国草野城（現佐賀県唐津市浜玉町）に立て籠っていると『祇園《ぎおん》執行《しぎょう》日記』観応元年十月十七日の条には記述されている。

肥前国の勢力分布

肥前への今川直貞の再派遣

これまで肥前国松浦地方は北朝支持勢力が強く、肥前国島原半島、彼杵《そのぎ》地方は南朝支持勢力が強い地域であった。そこで九月以降、直冬は頼尚の協力を得て、再び今川直貞《なおさだ》を肥前に派遣し、その切り崩しを意図している。

今河五郎（直貞）を差し遣すところなり、彼の手に属し、急速に忠節を致すべきの状件のごとし、

貞和六年九月十六日　（足利直冬）（花押）

深堀弥五郎（正綱）殿

（深堀家文書）

直貞の下への馳参者

直冬の軍勢催促を受けて直貞の下に馳せ参じた者としては、この外に深堀広綱・同清綱・同時明・安富泰重《やすとみやすしげ》・於保宗喜《おほむねよし》・後藤光明、松浦《まつら》大嶋聞《きこゆ》・松浦鮎河《あゆかわ》又六・有馬澄《すみ》明《あき》・龍造寺実善《りゅうぞうじじつぜん》・同家忠・御墓野重能《みはかのしげよし》・武藤家経・同頼貞・青方重《あおかたしげし》・斑嶋納《まだらじまおさむ》・武末

授《さずく》らがいた。頼尚も直貞と協同して、筑前国糸島地方より、道猷の立て籠っている草野城に迫ったらしく、重富《しげとみ》正雄・松浦鮎河信《まこと》・宝珠山《ほうじゅさん》種永・深江種重・松浦中村勇らが軍勢催促を受けたり、直冬より所領安堵の証判を給わっている。

肥後阿蘇社等に所領を寄進

直冬の戦勝祈願

さらに直冬は九州に上陸早々阿蘇社等に所領を寄進し、所願成就を祈願しているが、筑前・肥前地方に勢力を拡大したことにより、その地に鎮座する寺社の所領を安堵し、戦勝祈願を行っている。その対象となった寺社には、筥崎《はこざき》八幡宮（現福岡市東区）・妙法《みょうほう》寺・東妙《とうみょう》寺（以上現佐賀県神埼市神埼町）・正法《しょうほう》寺（現佐賀市）・武雄《たけお》社（現佐賀県武雄市）・健軍《けんぐん》社（現熊本市）・甲佐《こうさ》社（現熊本県上益城《ましき》郡甲佐町）・郡浦《こうのうら》社（現熊本県宇城《うき》市）・櫛田高志《たかし》宮（現佐賀県神埼市千代田町）・雷山《らいざん》大悲王院（現福岡県前原《まえばる》市）・景福《けいふく》寺（現福岡県嘉麻市山田）・高城《こうじょう》寺・河上《かわかみ》社（以上現佐賀県佐賀市大和町）・千栗《ちりく》社（現佐賀県三養基《みやき》郡みやき町）・筑前国一宮住吉社（現福岡市博多区）・勝福《しょうふく》寺（現福岡市西区今津）・安養《あんよう》院（現福岡県太宰府市）等がある。これは直冬の勢力拡大と連動している現象である。

道猷の軍勢催促

これに対し、道猷も在地武士への働きかけを試みている。それに応じた者として肥前国の綾部《あやべ》兵庫助《ひょうごのすけ》・同幸依《ゆきより》・斑嶋納・武雄社大宮司などがいた。中には斑嶋納・武雄社のように直冬、道猷両方より軍勢催促を受けている者もいる。しかしこの時期は直冬方が圧倒的に優勢であったことは、残存文書に貞和六年・貞和七年というように貞和年号を使用した文書が多いことが如実に示している。

豊前国への直貞の派遣

そのような状況下、貞和六年十一月十日、「両殿の御意を息《やす》め奉《たてまつ》らんがため、豊前《ぶぜん》国門司《もじ》関に今河五郎直貞を差し遣すところなり」と称して軍勢催促状を発給していることは、尊氏の九州下向に備えるため、直貞を門司関に派遣したものと思われ、尊氏の下向に直冬が危機感を抱いていたことがわかる。

日向国大将

畠山直顕《ただあき》ははじめ義顕《よしあき》と称していたが、尊氏が多々良浜の合戦で勝利を得て、大宰府滞在中の建武三年（一三三六）三月、国大将として日向《ひゅうが》国に派遣された。尊氏としては薩摩国守護島津氏の牽制と、南九州の反足利氏的在地国人たちの討伐を目的とした派遣であったと思われる。

直顕の意識

したがって直顕としては、九州管領一色道猷とは対等との意識があり、道猷の指揮下に服することを潔《いさぎよ》しとしない気概を有していたと思われる。この点少弐頼尚と共通の道猷に対する気持を抱いていたといえる。

直顕の直冬与同時期

頼尚が直冬に与同した時期は、貞和六年（一三五〇）九月であるが、直顕は道猷の指揮下から独立していたので、その時期は必ずしも明らかではない。元来直顕は直義との関係が親密であったことがわかるので、おそらく直冬の九州下向当初より支持していたものと思われる。

直顕も貞和年号を使用

そして直冬が観応と改元された後も貞和六年・貞和七年を使用していた時期、直顕も貞和年号を使用しており、直冬に与同していることを明確に示している。ただ直顕は観応二年四月には観応年号を使用し始めており、直冬が観応年号を使用し始めた時期より、二ヵ月程早い。

観応二年四月二十二日の種子島時基《たねがしまときもと》に発給した直顕の軍勢催促状の中で、「武蔵守師直以下の輩、去る二月廿六日に誅伐せられ、天下悉《ことごと》く静謐《せいひつ》に属しおわんぬ」と伝えており、師直が誅伐されて、直義が復権したことを祝福していることがわかる。このことを直冬とともに双手《もろて》を挙げて喜んだものと思われる。

直顕と道猷・島津氏との対立

直顕は日向国入国以来、道猷・島津氏と対立し、守護島津氏と対抗する勢力であった大隅国の禰寝《ねじめ》氏を支援していたが、直冬もしばしば大隅・薩摩国の国人の禰寝氏・西俣《にしまた》氏・武光《たけみつ》氏・比志島《ひしじま》氏・河上氏等に軍勢催促状や感状《かんじょう》を送っており、さらに薩摩国の山田友久・山田忠経・武光重兼らの相伝《そうでん》の所領所職を安堵しており、直冬と直顕が緊密に連携して行動していたことがわかる。

道猷の代官加藤昌運は文和《ぶんな》二年（一三五三）正月二十八日に請文《うけぶみ》を提出し、直顕と島津道《どう》

鑑《かん》の忠否の有様を報告しているが、その中で、

御台御領・穆佐院・島津所領にて合戦

匠作(直顕)は兵衛佐殿(直冬)と与同せしめ、御台《みだい》(赤橋登子《とうし》)の御領・穆佐院《むかさ》ならびに嶋津近江守《おうみのかみ》時久の所領新納院《にいろ》已上日向国島津庄内において度々《どど》合戦に及び、押領《おうりよう》を致し候間、御敵の段子細なく候、

と述べている。また大友氏時《うじとき》の代官沙弥聖源《しようげん》・沙弥観恵《かんえ》も請文を文和二年正月二十九日に提出し、

去る観応元年匠作様、左兵衛佐殿に属し奉ると称し、軍勢を島津近江守時久城日向国新納院に差し遣し、数月合戦を致し候、彼の城を追い落し候翌年観応二年にいたるまで、御敵たるの条相違なく候、

と述べている。

直冬方交名

また島津氏久は直冬に味方した凶徒等の交名《きようみよう》として、税所介《さいしよのすけ》一族・加治木《かじき》彦次郎一族・禰寝郡司一族・羽坂孫太郎一族・小川郡司一族・蒲生《がもう》彦太郎一族・小浜《おばま》十郎一族・肝付《きもつき》八郎兼重《かねしげ》跡輩同一族・末次《すえつぐ》六郎入道跡輩同一族・溝辺《みぞべ》孫太郎・野辺《のべ》孫七盛忠《もりただ》跡輩同一族・平山因幡前司《いなばのぜんじ》入道同一族・正八幡《しようはちまん》宮先社務・弥勒《みろく》寺執当坊道慶《どうけい》・同舎弟九郎左衛門尉・同舎弟十郎三郎・正八幡宮神官所司分・杉五郎・東郷藤左衛門入道・同荒瀬九郎・吉田左近蔵人《さこんのくろうど》清忠らを注進している。

二　鎮西探題就任

父子直接対決の回避

尊氏自身の九州下向の報は、直冬の下に馳せ参じていた九州在地武士たちに、少なからぬ心理的動揺を与えたことは否定できない。しかし尊氏の途中よりの帰京、尊氏・直義との間で和議が成立したことによって、尊氏と直冬の父子直接対決は回避され、後日に持ち越されることになった。直冬は危機寸前、再び直義によって救われたことになる。

尊氏、直冬の鎮西探題就任を承認

直義は政治的優位の立場を利用して、尊氏に対し、直冬を鎮西探題に補任《ぶにん》することを求めた。尊氏としては、道猷を九州管領に任じている立場上、さらにこれまで九州在地国人に対し、直冬の誅伐を命じていたわけであるから、直義の要求は認め難いものであったと思われる。しかし直義の求めに応じ、不本意ながら直冬の鎮西探題補任を承認せざるを得なかったものと思われる。

直冬と道猷の地位逆転

『園太暦』の観応二年三月三日の記事には、「又聞く、鎮西探題の事、直冬たるべきの旨治定すと云々」と記されている。これにより軍事的のみならず、政治的にも直冬と道猷の九州における地位は逆転することになった。これまで九州在地国人の浮動的離反に苦しみ、九回も帰洛を尊氏に嘆願したことのある道猷としては、尊氏によって裏切られたと感じたであろう。

上洛への布石

直冬の逆境の一生の中にあって、尊氏より鎮西探題に補任されたことは、きわめて短い間ではあったが、将来に対する希望の光が差し込んできた一時期であったろう。直冬はその後も、中国地方さらには四国地方の在地有力国人たちに対し、積極的に軍勢催促状や感状、所領安堵状等を発給している。かつて師直・師泰、特に尊氏の九州下向を阻止することを目的として中国地方の国人に働きかけたのとは異なり、これは将来直冬が九州から上洛する際のため、中国地方に強固な支持勢力を構築しておくことを意図した布石であったと思われる。

直冬の下への馳参者の増加

鎮西探題に補任された直冬の下には、それまで与同することをためらっていた国人も続々と馳せ参じて来た。その中には豊後《ぶんご》国の都甲惟孝《とこうこれたか》・薩摩《さつま》国の渋谷重興《しげおき》・入来院《いりきいん》倉野地頭《じとう》長寿丸代中木庭貞清《なかこばさだきよ》らの九州の在地国人等はもとより、はるか中国地方から関門海峡を渡り、直冬が本拠とする大宰府にまで馳せ参じ、その宿直警固の任に当った出雲《いずも》国の越生義氏《おごせよしうじ》・同諏訪部信恵《すわべしんえ》代子息扶貞《すけさだ》・諏訪部助直・諏訪部来行《らいぎょう》・安芸《あき》国の児玉家行・児玉家氏・三戸《みと》頼顕・石見《いわみ》国の内田致世《ともよ》などがおり、その着到状《ちゃくとうじょう》・軍忠状には詫《たく》

直冬の和歌二首

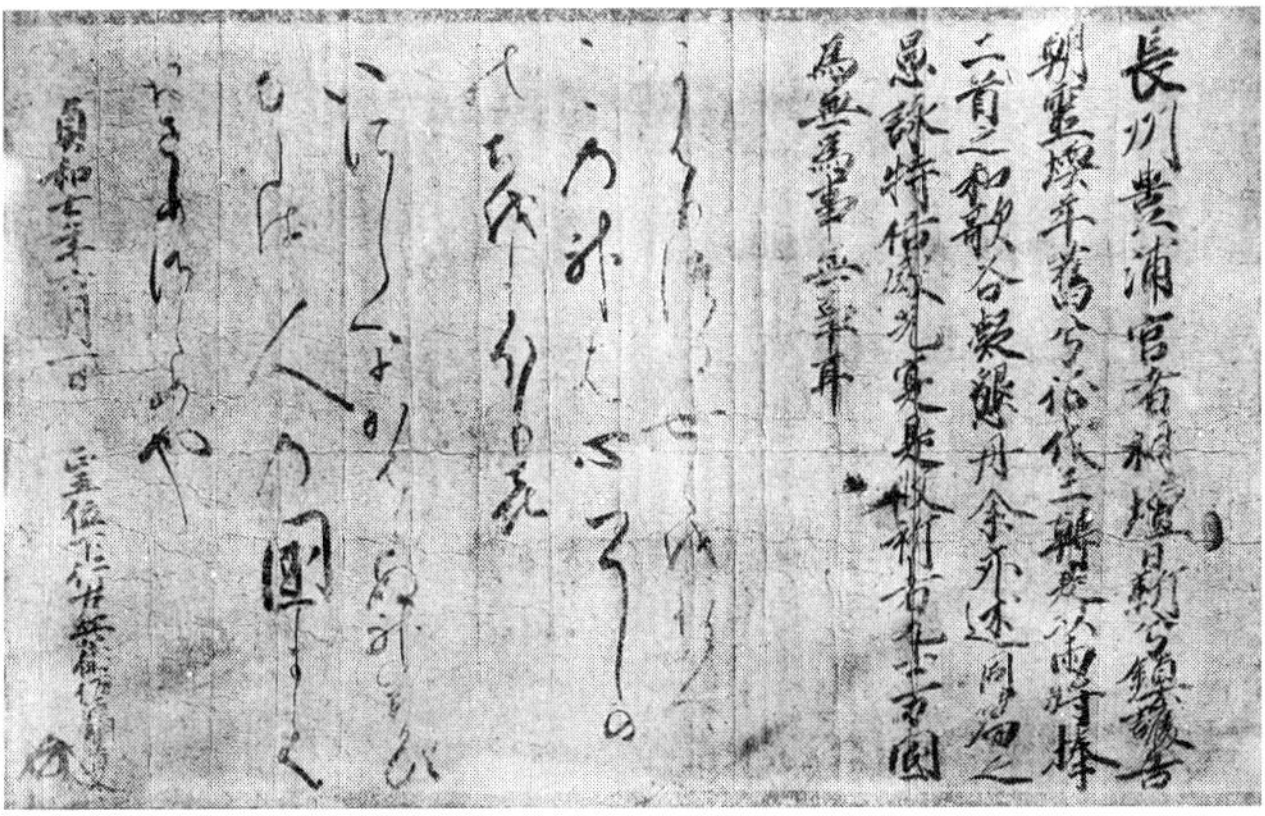

足利直冬奉納和歌（忌宮神社所蔵）

磨宗直《まむねなお》が証判を与えている。

つかの間の平穏な日々、直冬は貞和七年六月一日、長門《ながと》国豊浦《とようら》宮（現山口県下関市）に和歌二首を捧げ、諸国の静謐《せいひつ》を祈ったと伝えられている。

かはりつる世々をおもへバこの神は
　心づくしののちをまぼりき
いにしへにかはらぬ神のちかひならば
　人の国までおさめざらめや
（忌宮神社文書）

この和歌を付した願文には「正五位下行《ぎょう》左兵衛佐源朝臣《あそん》直冬」と署名している。

しかし直冬はなお発給文書で、「貞和七年」の年号を用い続けており、直冬がはじめて「観応」という年号を用いたのは、次の文

直冬の観応年号使用

書である。

馳せ参ずるの条、尤も神妙なり、いよいよ戦功を抽んずべきの状件のごとし、

観応二年六月十日　（足利直冬）（花押）

都甲小四郎（惟孝）殿

（都甲文書）

直冬の心境の変化

この文書のわずか五日前に発給された「比志島文書」の感状には「貞和七年六月五日」と年月日が書かれている。この五日間の間に直冬にどのような心境の変化があって、突然「観応」年号を用いるようになったのかはわからない。鎮西探題に補任されたことによって、室町幕府の一員として認められ、尊氏に対し和解の気持ちが働いたのかも知れない。

しかし京都においては、尊氏と直義の間に早くも不協和音が芽生えつつあったことは、遠い九州の地に身を置く直冬には、まだ伝わることがなかったのかも知れない。この年号変更と同時に、それまで直冬は発給する下文《くだしぶみ》には、日下《にっか》に花押《かおう》を据えていたものを、奥上署に「源朝臣（花押）」と署判《しょはん》するように変えている。鎮西探題に補任されたことによる地位の上昇を意識した変更であろう。

尊氏・直義の不協和音

直冬の署判の変化

さらに観応二年七月十三日、筑前《ちくぜん》国雷山《らいざん》大悲王院に、当時炎天のため、農夫が苦しん

直冬の和歌一首

でいるのを見て、雨乞《あまご》いをしたところ、たちまち霊顕《れいげん》があったとして、和歌一首を捧げたと伝えられている。これも合戦に明け暮れ、それまで一般民衆の生活に対する配慮をする心の余裕もなかったのに比べ、地位の安定からくる直冬の満ち足りた気持ちが窺える。

世のすゑといかで思はんなる神の
またあらたなるあめがしたかな
（大悲王院文書）

直冬と義詮との和解

これよりさき、観応二年六月十九日、足利義詮は直冬に御教書《みぎょうしょ》を送り、長講堂《ちょうこうどう》領筑前国志《し》賀島《かのしま》（現福岡市東区）の沙汰《さた》を任せており、義詮とも和解していたことがわかる。この間、直冬は豊前国大楽寺（現大分県宇佐市）・備後《びんご》国浄土寺・曼荼羅《まんだら》寺（現広島県尾道市）・肥前国櫛田社（現佐賀県神埼市神埼町）・高志社（現佐賀県神埼市千代田町）・武雄社（現佐賀県武雄市）・長門国一宮住吉

直冬の祈願

浄土寺本堂

神社（現山口県下関市）等に殺生禁断《せっしょうきんだん》、および天下静謐《せいひつ》のための祈禱《きとう》をしているが、特にその中に中国地方の社寺が含まれていたことが注目される。

直冬と征西将軍宮との関係の変化

直冬は九州下向以来、道猷との対決に全力を傾倒してきたため、征西将軍宮方とはむしろ協調的姿勢を保持してきた。しかし直冬が鎮西探題に補任されたことによって、征西将軍宮方の直冬に対する協調政策に変化が生じることになった。

道猷と征西将軍宮との接近

征西将軍宮方は、これにより直冬の勢力が強大となることを恐れ、道猷と協力して直冬の勢力拡大を防止する策に転ずることになった。また尊氏は直冬の鎮西探題補任後も、ひそかに道猷を支援しており、その勢力の温存を図っていた。そこで六月に入ると、道猷は直冬と対決するため、征西将軍宮方に接近を図った。両者は同床異夢、対直冬戦のため一時連携することになったのである。

道猷の将来への備え

この間、道猷は観応二年七月十八日、肥後国相良《さがら》定長・相良孫五郎らに三池《みいけ》親元跡の肥後国球磨《くま》郡久米《くめ》郷（現熊本県球磨郡多良木《たらぎ》町）十五町・十町・五町地頭職を勲功賞として与えており、逆境の中にあっても将来に備え、在地国人に対する働きかけはおさおさ怠りなかったことがわかる。

鎮西探題の統治機構

直冬は長門探題として京都を出発するに際し、多数の評定衆《ひょうじょうしゅう》・奉行人《ぶぎょうにん》が随行していたとされている。その中の一人仁科盛宗《にしなもりむね》が九州で直冬の側近として活躍しているが、備後国鞆《とも》からのあわただしい脱出の状況を考えれば、その中のどれだけの人数の者が直冬に同行できていたかわからない。

筑前原山無量寺

戦に明け暮れていた直冬が、整備された統治機構を形成していたとは考え難い。大宰府に入った直冬は、原山《はらやま》無《む》量《りょう》寺（現福岡県太宰府市連歌屋・二条）に本拠を構えていた。

直冬の側近・部将

その直冬には、何人かの重要な役割を果していた側近者、各地に派遣されて合戦を遂行し、勢力拡大に努めていた部将がいた。その中で最も重要な任務を荷っていたのは、少弐頼尚と畠山直顕であったことは疑いない。しかし直冬に対する立場において、両者の間には相違が見られる。頼尚が直冬の側近にあって、室町将軍でいえば執事、管領的役割を果していたのに対し、直顕は日向にあって国大将として独立した権力を確立し、南九州において直冬と密接な連携を保って活動していた。

少弐頼尚と畠山直顕の役割

側近仁科盛宗

次に正に直冬の側近として重要な役割を果していたのは仁科盛宗であった。盛宗は直冬の意を体し、阿蘇大宮司惟時らとの交渉にも当っており、直顕・頼尚らが配下の軍忠に対し恩賞を求める挙状の宛先は盛宗であったことが、直冬と盛宗との関係を如実に示している。

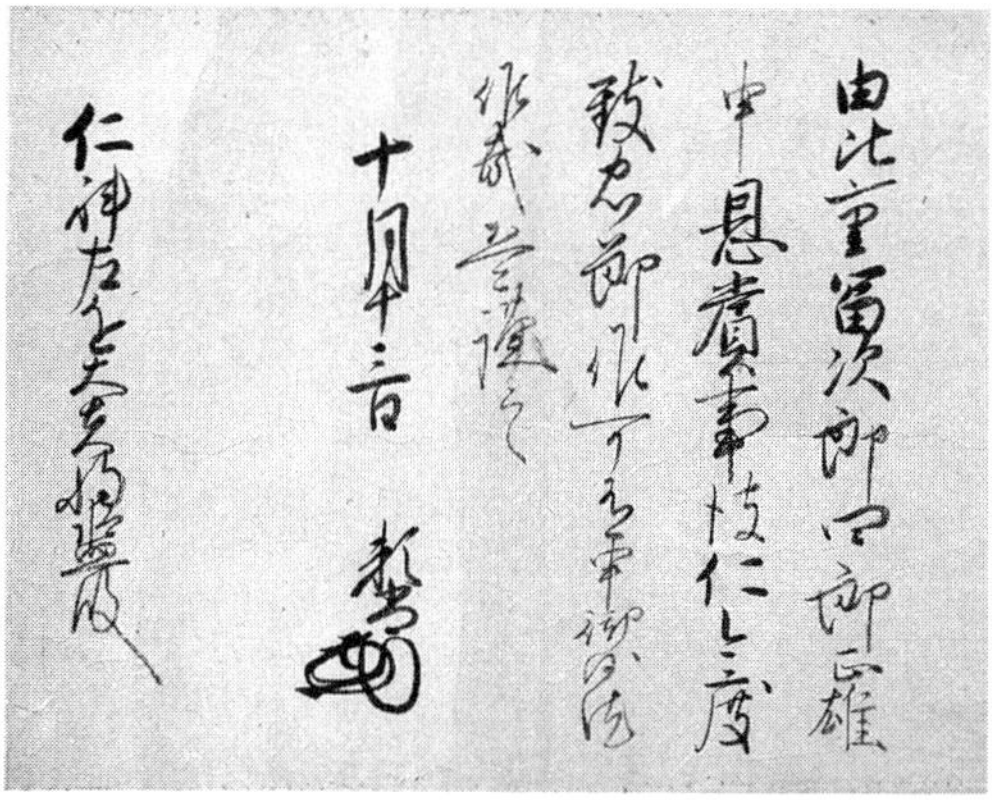

少弐頼尚挙状（個人蔵「由比文書」）

侍所詫磨宗直

この盛宗に次いで重要な役割を果していた者に大友氏の一族詫磨宗直がいる。宗直は直冬が下向直後に筑後国の守護に補任されたのをはじめ、次々と恩賞地を与えられているが、在地国人が提出した着到状・軍忠状等にも証判を与えている。そして貞和七年六月二十日、周防《すおう》国の内藤審覚《しんかく》が直冬の所に持参した文書目録に「参通　侍所《さむらいどころ》詫摩《（磨）》着到状」とあることは、宗直が直冬の侍所と認識されていたことを示している。

直冬の侍大将

そのほか直冬の侍大将として各地に派遣されていた者として今川直貞・新田貞広・尾《お》張義冬《わりよしふゆ》・河尻幸俊・小俣氏連・少弐資尚・少弐直資・戸次《べっき》頼時・吉見頼房・吉見頼平らがいた。また、直冬の下にあって、もっぱら九州の寺社関係の所務沙汰を処理した者に相原光房《すぎはらみつふさ》がいる。

相原光房

さらに所領安堵等の申請が提出された場合、その当知行の実否、異論者の有無などの調査等を使節に命じる担当奉行人が存在していたことが確認されている。ただし、いずれも断片的史料が残存するのみで、直冬の下にどのような統治機構が形成されていたのか、その全体像は明らかではない。

第四　孤立化する直冬

一　一色道猷との対決再開

直義の孤立化

　ところが、直冬のこうした平穏な日々も永くは続かなかった。一時尊氏《たかうじ》・義詮《よしあきら》をしのぐ勢いを示した直義《ただよし》も、尊氏らの巻き返しによって、次第に孤立化しつつあった。そのような状況の中にあって、『園太暦《えんたいりやく》』観応《かんのう》二年（一三五一）七月二十日の記事によれば、直義が政務を辞退したことが述べられている。義詮、直義はそれぞれ味方の軍勢を率いて京都を出奔《しゅっぽん》し、自分の分国に下って合戦の準備を図った。『太平記』は、両者の確執の原因は、それぞれの利欲より起ったものであると評している。

義詮と直義の確執の原因

直義の北国下向

　両者の対立抗争は、時の経過とともに激化の一途を辿り、八月一日、直義は京都を脱出し、北国に逃れた。一時尊氏は直義と和解し、直義を政務に復帰させようとしたこともあったが、結局両者の和解は成功しなかった。そして尊氏は早速直義の北国下向《げこう》のことを諸氏に伝えている。

高倉禅門（足利直義）北国下向の間、使者を遣わすところなり、その左右《そう》に随い重ねて仰ぐべし、早く同心の輩相寄り、忠節を致すべきの状、件《くだん》のごとし、

観応二年八月六日　（足利尊氏）（花押）

諏方部長松丸

（佐方文書）

尊氏、直冬誅伐を命ず

さらに「大友文書録」所収の観応二年八月二十八日の一色直氏《いっしきなおうじ》施行状《しぎょうじょう》写によれば、「高倉殿北国に御没落ならびに直冬誅伐《ちゅうばつ》の事、去る十七日重ねての御教書《みぎょうしょ》かくのごとし」とあることから、八月十七日に、尊氏が直氏に直義の北国没落と直冬の誅伐を命じる御教書を送っていたことがわかる。

直義追討の宣旨

正平一統

そして八月十八日、尊氏は直義追討の宣旨《せんじ》を給わり、近江国に出陣している。これに対し直義が北朝の崇光《すこう》天皇・光厳上皇《こうごんじょうこう》を延暦寺《えんりゃくじ》に行幸《ぎょうこう》させようと企てたため、十月二十四日、尊氏は南朝方と和議を結び、再び直義追討の後村上天皇の綸旨《りんじ》を賜わることに成功した。

直義の鎌倉入り

これ以後、尊氏は北朝年号の使用を中止し、正平《しょうへい》年号を使用することとなった。追い詰められた直義は、越前から北陸道を通り、逃避行の末、十一月十五日には鎌倉に入

一色道猷花押

っている。

豊前山田城の合戦

筑後鷹尾の合戦

直冬の鎮西探題補任《ちんぜいたんだいぶにん》後は、一色道猷《どうゆう》の勢力が衰退したこともあり、しばらく直冬と道猷との合戦は下火となっていた。そのような中にあって、豊後《ぶんご》国球珠《くす》郡の野上広資《のがみひろすけ》は豊前《ぶぜん》国山田城（現福岡県豊前市）に馳《は》せ参じ、観応二年三月十八日には鷹《たか》尾《お》（現福岡県柳川市大和町）で合戦しており、その軍忠状《ぐんちゅうじょう》に直冬が証判を与えている。この豊前凶徒退治には阿蘇大宮司惟時《あそだいぐうじこれとき》も直冬方として馳せ参じており、その後豊後国でも忠節を抽《ぬき》んじ、感状《かんじょう》を受けている。

筑前原田・萩原の合戦

一方道猷方の筑前《ちくぜん》国原田《はらだ》深江種重は、一色直氏が直冬・少弐頼尚《しょうによりひさ》以下の凶徒退治のため肥前《ひぜん》国大村（現長崎県大村市）へ下向した時に馳せ参じており、さらに筑前国原田荘（現福岡県前原《まえばる》市）の凶徒退治のため軍勢を派遣した時、萩原《はぎのはら》（現福岡県筑紫野市）に馳せ参じたとあり、原田荘・萩原など大宰府《だざいふ》周辺で合戦があったことがわかる。

肥後球磨郡内所々の合戦

さらに観応二年十月五日の相良《さがら》定頼・定長に与えた道猷の感状によれば、直冬に与同する相良経頼・橘道公《みちきみ》以下の凶徒を誅伐するため、同年四月二十五日、同五月一日、同四日に肥後《ひご》国球磨《くま》郡内の所々で合戦したことがわかる。その後、約三ヵ月間、直冬と道献との合戦が行われた形跡は見当らない。

しかし京都において尊氏と直義との間が不和となり、対立が表面化した七月頃をもって、直冬の鎮西探題としての役割は有名無実となった。したがって直冬が実質的に鎮西探題としてその地位にあったのは、わずか三ヵ月余の短い期間に過ぎなかったことになる。

直冬の鎮西探題在任期間

その後は、征西将軍宮《せいせいしょうぐんのみや》と道猷が対直冬戦で協同作戦を展開することになったので、直冬は各地で征西将軍宮と道猷を相手に、合戦に明け暮れる動乱の日々を送ることを余儀なくされている。

筑前宗像城の合戦

観応二年八月十二日には、道猷に味方し、筑前国宗像《むなかた》城（現福岡県宗像市）に馳せ参じた長門《ながと》国小野資村《すけむら》らを退治するため、少弐頼尚・同頼貞らを派遣している。この合戦に馳せ参じた肥前国龍造寺《りゅうぞうじ》家政・綾部《あやべ》幸依《ゆきより》らも感状を与えられている。

宗像城において、今に忠節を致すの由の事、尤《もっと》も神妙なり、いよいよ戦功を抽んずべきの状件のごとし、

観応二年八月廿四日　（足利直冬）（花押）

龍造寺又七（家政）殿

（龍造寺文書）

部将の各国派遣

同八月、直冬は筑後国凶徒退治のため今川直貞《なおさだ》を、豊後国凶徒退治のため新田貞広を、九月には大隅《おおすみ》・薩摩《さつま》両国の凶徒退治のため尾張義冬《おわりよしふゆ》をそれぞれ派遣している。

尊氏、直義と直冬の離間策を講ず

この頃、尊氏と義詮は、九州の在地国人《こくじん》に直義と合体したことを報じ、一方直冬については再び誅伐することを命じており、直義と直冬の離間策を講じていたことがわかる。

豊前大坂

また観応三年三月十日の某感状（西郷文書）によれば、去年八月十七日に、直冬方の少弐貞経の弟武藤資法《むとうすけのり》とその党類戸井兵庫允《どいひょうごのじょう》が、豊前国大坂（現福岡県京都《みやこ》郡みやこ町犀川《さいがわ》）に敗走したとあり、豊前国各地で直冬方の勢力が活動していたことがわかる。

道猷、直冬との対決再開

さらに先述の「大友文書録」所収の観応二年八月二十八日の一色直氏施行状写によれば、直義が北国に没落したことと、直冬の誅伐を命じる尊氏の御教書が、直氏の所に届いていたことがわかる。この京都における直義の没落という状況の急転に力を得た道猷は、直冬との対決に積極的に乗り出している。

肥前晴気山の合戦

八月に両軍は肥前国小城《おぎ》郡晴気山《はるけやま》（現佐賀県小城市）で激突している。この合戦で道猷方の配下には一色範光《のりみつ》・千葉胤泰《たねやす》・松浦《まつら》左衛門尉・白石弥次郎・今村利広《としひろ》らがおり、一方直冬方には下松浦一族・志佐《しさ》有《たもつ》・武末授《さずく》・西原鬼熊丸・相知《おうち》正・大嶋聞《きこゆ》らがいた。こ

肥前松浦党の分裂

の頃、松浦党の中では、上松浦の住人は道猷方、下松浦の住人は直冬方に分裂していた

ことがわかる。そしてそれぞれ勲功賞を給付されている。

肥前国への少弐頼尚の派遣

豊前田河郡所々の合戦

豊後高田の合戦

さらに九月九日には、少弐頼尚が肥前に発向している。また九月十日には、道猷方の西郷有政《さいごうありまさ》が、豊前国田河郡の直冬与同の武藤資法以下を退治するため、崎山（現福岡県京都郡みやこ町犀川）、十二日には今任村《いまとう》（現福岡県田川郡大任町《おおとう》）等に転戦し、資法らの立て籠る要害・城等を没落させている。同じ九月十日、都甲惟元《とごうこれもと》は直冬の誅伐のため豊後国高田（現大分県豊後高田市）に馳せ参じ、その後、所々の陣で忠節を抽んじた旨の軍忠状を捧げ、大友氏時から証判を受けている。

肥後球磨郡所々の合戦

九月十一日から十五日にかけて、直冬与同の相良経頼・橘道公と道猷方の相良定長が肥後国球磨郡の所々で合戦している。このように一族で両勢力に分かれて戦うことも決して珍らしいことではなかった。

筑前金隈・月隈の合戦

九月二十八日には、道猷方の将一色範光と直冬方の将今川直貞とが筑前国金隈《かねのくま》・月《つき》隈原《くまばる》（現福岡市博多区）で激戦を展開している。範光方には島津氏久も参加しており、自らも左肩、右手に切疵《きりきず》を負い、伊集院迎斉《いじゅういんぎょうさい》・中条六郎・本田道意・池上光久・伊地知忠《いじちただ》季《すえ》らが戦死しており、尊氏は氏久、および戦死者の子息に対し感状を与えている。この時の直貞方としては深堀政綱・同広縄・同時澄《ときずみ》代三村高家・龍造寺家政・同家平・大村中尾次郎・吉田彦次郎など肥前国の国人が主力として合戦に参加している。

月隈八幡宮

筑後河北荘床河の合戦

道猷の敗戦

さらに九月二十九日には、道猷自身が一色道勝《どうしよう》・一色師光《もろみつ》・日田若狭守《ひたわかさのかみ》・草野豊前権守・上松浦一族等の軍勢を率いて、直冬の将少弐頼尚の率いる対馬《つしま》の宗経茂《そうつねしげ》・肥前国の軍勢と筑後《ちくご》国河北荘床河《かわきたとこがわ》（宝満川、現福岡県久留米市北野町・三井郡太刀洗《たちあらい》町・小郡市）で合戦し、道猷は敗れて日田（現大分県日田市）に逃れている。その直後、道猷は豊後の田原貞広に送った書状の中で「去る廿九日の合戦は不慮の式の間、力なく日田に引き退《の》き候いおわんぬ」と報じている。そして宇都宮公景《うつのみやきみかげ》・草野・佐志《さし》・肥前の高来《たかぎ》勢・筑前志摩《しま》郡の軍勢約一〇〇〇騎程が同道していたが、これらの兵も疲労してしまったので、早々に貞広の馳参を求めている。

直冬の意義ある勝利

直冬方からすれば、筑後地方に進出を意図する征西将軍宮と道猷方の連携合体を切断することに成功した戦略的にも意義ある勝利であったと評価できる。

九州における道猷の頽勢挽回を援助する目的で、尊氏・義詮は直義の北国没落を逸《いち》早く九州在地国人に伝えたものと思われる。このような京都におけるめまぐるしい政治的状況変化の情報が、浮動的九州在地武士団の動向を左右することに大きな影響を与えていたことは疑いない。

京都の状況の情報伝達

豊前小倉城の合戦

その後、十一月五日には、かつて宗像城の合戦に道猷方として馳せ参じ、軍忠を抽んじた長門国小野資村が、豊前国小倉城（現福岡県北九州市小倉南区）を攻略している。さらに道猷方の西郷有政も十一月十二日に豊前国苅田《かんだ》城（現福岡県京都郡苅田町）を没落させた時、連日合戦を重ね、忠節を抽んじている。

豊前苅田城の合戦

豊前糸口原の合戦

また十二月二十五日には、豊前国糸口原《いとぐちばる》（現大分県宇佐市）の合戦で、大友氏時に率いられた都甲《とごう》惟元《これもと》・曽禰崎《そねざき》通秀《みちひで》らが、直冬方の大神《おおが》筑前次郎・土岐《とき》蔵人《くろうど》太郎らを誅伐した後、さらに安心院《あじむ》・津布佐《つぶさ》・深見《ふかみ》等（以上現大分県宇佐市安心院町）の直冬支持勢力を没落させている。この直冬支持の面々とは、かつて直冬から所領安堵の証判を受けていた豊前国深見秋吉盛基《あきよしもりもと》らと思われる。

使用年号による支持勢力判別の目安

この時に惟元は軍忠状で正平年号を用いているが、これは尊氏がこの頃南朝方と合体していたことに対応した現象と思われる。九州において正平六年・観応二年十一月頃から、尊氏と南朝方との和議が解消したことが伝わる翌年三月頃までの期間、観応年号を用いているのは直冬支持勢力であり、正平年号を用いているのは征西将軍宮および道猷支持勢力と判別する目安となる。

肥前晴気山の陣

十二月末頃、道猷は再び肥前国小城晴気山に出陣し、尊氏が吉野と合体したことを伝え、肥前国五島の青方《あおかた》（現長崎県南松浦郡新上五島町）の人々に時を移さず出陣することを求めている。さらに道猷は観応三年正月二十四日の田原貞広宛の書状で、翌二十五日には少弐頼尚が大宰府から小城に向かい、それに下松浦・後藤・橘・横大路《よこおおじ》・国分等の輩が味方しているのに対し、道猷方には千葉胤泰・肥前の高来（現長崎県南高来郡）の者共など少数の者が在陣しているだけの無勢であると窮状を訴え、大友方に援軍を要請している。

肥前国への小俣氏連の派遣

同年二月には、直冬の部将小俣氏連《おまたうじつら》が肥前国彼杵《そのぎ》（現長崎県東・西彼杵郡・長崎市、大村市）、高来（現長崎県雲仙市、諫早《いさはや》市、島原市）方面に派遣されている。氏連は九州管領《かんれい》の侍所《さむらいどころ》の小俣道剰《どうじょう》の子息とされている人物であるが、いつの頃からか直冬の部将として活動していた。

肥前矢上城

氏連は深堀広綱・同時澄・同政綱・同孫王・安富直安《やすとみなおやす》・同泰治《やすはる》・高来郡の人々に軍勢催促状を発給しており、その直安・泰治の軍忠状によれば、氏連は矢上《やがみ》城（現長崎市）に

肥前野井城・杉峯城の合戦

入り、閏《うるう》二月十七日には千々岩津《ちぢわ》（現長崎県雲仙市千々石町）に進出し、野井城《のい》（現長崎県雲仙市愛野町）、西郷次郎の居城杉峯城《すぎみね》（現長崎県雲仙市瑞穂町）で合戦し、三月二日には神代《こうじろ》（現長崎県雲仙市国見町）を通過する際、西郷次郎が松尾（同国見町）で迎え撃ったのでこれと合戦したことがわかる。

豊前尾形村の合戦

このほか二月十日には、直冬方の豊前国河依範房《かわよりのりふさ》が敵安雲《あぐも》七郎・尻高《しだか》次郎四郎・安先孫三郎らが城郭を構えて立て籠っていた豊前国上毛《こうげ》郡尾形村（現福岡県築上《ちくじょう》郡新吉富村）への発向に供奉《ぐぶ》し、城郭を破却している。

二　征西将軍宮との合戦

肥後白木原・志々岐・板井原・隈本の合戦

観応二年（一三五一）八月八日、直冬の軍勢がはじめて肥後国白木原《しらきばる》（現熊本県玉名郡玉東《ぎょくとう》町）で南朝方の軍勢と合戦し、その後、志々岐《しじき》（現熊本県山鹿《やまが》市）、板井原《いたいばる》（現熊本県菊池市七城《しちじょう》町）、隈本《くまもと》（現熊本市）等に転戦している。

征西将軍宮の筑後瀬高への進出

この八月に、征西将軍宮は筑後国瀬高（現福岡県山門郡瀬高町）に進出し、道猷と連携して、大宰府を窺わんとした。征西将軍宮の瀬高進出について、観応二年十月九日の道猷

筑後国への今川直貞の派遣

が貞広に送った書状の中で「已《すで》に宮も瀬高近所ニ御出候いおわんぬ」と報じている。この動きに対し、直冬は今川直貞を筑後に派遣してこれに備え、その進出を阻止した。しかしこの時は道猷が金隈・月隈の合戦、床河の合戦で敗北したため、両者が協力して大宰府の直冬を攻撃しようとした作戦は失敗することになった。

征西将軍宮花押

肥後肥猪原・関城の合戦

筑後溝口城・瀬高上荘への供奉

正平六年（一三五一）十月十八日、征西将軍宮方の三池頼親《よりちか》の軍忠状によれば、九月二十九日に肥後国肥猪原《こえいばる》（現熊本県玉名郡南関《なんかん》町）、十月一日に関城《せき》（現熊本県玉名郡南関町）で合戦し、その後筑後国溝口《みぞぐち》城（現福岡県筑後市）、瀬高上荘（現福岡県山門郡瀬高町）に供奉し、在陣したと述べており、菊池武光が証判を与えている。

肥後各地の転戦

観応三年（一三五二）十二月日、直冬方の伊東氏祐《うじすけ》の軍忠状によれば、同九月二十九日、肥後国詫摩原《たくまばる》（現熊本市）で合戦し、その後板井原、水島《みずしま》（現熊本県菊池市七城町）、菊池（現熊本県菊池市）、筑後国竹井（現福岡県山門郡高田町）等に供奉したと述べており、これに直冬が証判を与えている。

肥後山鹿城の合戦

また恵良惟澄《えらこれずみ》は、直冬方が立て籠る山鹿城（熊本県山鹿市）攻めに軍忠を抽んじたとし

征西将軍宮の筑後・豊後国府進出

筑後三潴荘での城郭構築

て、正平六年十月一日、征西将軍宮より感状を受けている。五条頼元《よりもと》が正平六年十月二十五日、田原氏能《うじよし》・同正曇《しょうどん》に送った書状によれば、征西将軍宮が筑後川を越え、筑後国国府（現福岡県久留米市）に陣を進めていたことがわかる。また十一月八日の氏能に送った書状では、豊後国国府（現大分市）にも出陣したこと、十一月十四日の書状では、筑後国三潴《みぬま》荘（現福岡県三潴郡、大川市、久留米市）に多くの城を構築したとある。

筑後国への詫磨宗直の派遣

征西将軍宮の戦勝祈願

このような征西将軍宮の筑後地方への進出を阻止するため、観応三年正月十八日、直冬は詫磨宗直を筑後に発向させ、筑後国の士卒を相催して誅伐することを命じている。この間、征西将軍宮は、正平六年十月十七日に、筑後国法輪《ほうりん》寺（現福岡県大川市）に対する軍勢ならびに甲乙人等の乱入狼藉《ろうぜき》を停止し、寛元《かんげん》寺（現福岡県筑後市）・浄土《じょうど》寺・宝琳《ほうりん》尼寺（以上現福岡県大川市）に対して、直冬との合戦における戦勝祈願を行っている。

薩摩東郷蔵人城の合戦

また十二月五日、征西将軍宮方の渋谷重興《しげおき》が薩摩国東郷《とうごう》蔵人の城（現鹿児島県薩摩川内《せんだい》市）に押し寄せて合戦し、軍忠を抽んじ、三条泰季《やすすえ》が証判を与えている。重興は四月には直冬の本拠大宰府に馳せ参じ、宿直警固をしている人物であるが、この頃は征西将軍宮方として活動していたことがわかる。

薩摩谷山城の合戦

直冬の主戦場は北部九州

直冬・直顕対道猷・道鑑

征西将軍宮方と協調

大隅・薩摩両国への尾張義冬の派遣

正平七年正月七日の島津道鑑《どうかん》の書状によれば、南方の凶徒等数百人が薩摩国谷山《たにやま》城(現鹿児島市)に集っているのを攻撃するため、比志島一族に軍勢催促しており、この時道鑑は征西将軍宮方と敵対関係にあったことがわかる。

直冬は九州に上陸以来、もっぱら九州管領一色道猷との抗争を繰り返し、その主戦場は大宰府周辺・筑前・筑後・肥前・肥後・豊前等北部九州であった。

日向・大隅・薩摩の南九州は、日向の国大将畠山直顕《ただあき》が管領していた。はじめは直顕は薩摩国守護島津道鑑と協力して南朝勢力に対抗していたが、次第に直顕と道鑑との利害が対立し、道鑑は道猷と連携して直顕と争うこととなった。そこで直冬が九州に上陸してからは、直冬と直顕との連携協力関係が成立し、道猷と道鑑の連合勢力と対立する構図が明らかになってきた。

直冬が道猷と対決することに主眼を置き、征西将軍宮方と協調関係を保っていたこともあり、直顕も日向と肥後の国境において、特に征西将軍宮方と事を構えることはなかった。尊氏は道鑑に対し、しばしば直冬の誅伐を命じており、直冬と道鑑との関係は悪化の一途をたどることになった。

この点でも直冬と直顕の利害は一致していた。そこで直冬は部将尾張義冬を大隅・薩摩両国に派遣し、直顕と協力して道鑑に対抗する勢力を組織化しようとしている。派遣を命じられた義冬は、新田《にった》八幡宮（現鹿児島県薩摩川内市）の神職を勤める執印《しゅういん》氏・権執《ごんしゅう》印《いん》氏等に軍勢催促状を発給している。

大隅・薩摩両国の凶徒退治のため、発向するところなり、急速に一族を相催し、忠節を致さるべきの状件のごとし、

観応弐年八月廿八日　左馬助（尾張義冬）（花押）

執印又三郎（友雄）殿

（新田神社文書）

直冬も大隅の禰寝《ねじめ》氏に義冬の派遣を伝えている。

大隅・薩摩両国の凶徒退治のため、尾張左馬助義冬を差し遣すところなり、彼の手に属し、忠節を致すべきの状件のごとし、

観応二年九月十五日　（足利直冬）（花押影）

禰寝郡司（建部清成）殿

（禰寝文書）

義冬の活動

この時点では、道猷・征西将軍宮連携による対直冬協同作戦が展開されつつあり、この場合の凶徒は、島津氏ならびに征西将軍宮支持勢力を指していた。義冬はその活動の模様を次のように報告している。

大隅佐多村城の合戦

薩摩国嶋津上総《かずさ》入道々鑑（貞久）、宮方に同心せしめ、御敵に罷《まか》り成り候によって、隅州の国人等少々道鑑に与同せしめ候といえども、禰寝孫次郎清成においては、御方《みかた》として他の心なく候上、去月八日道鑑の舎弟島津佐多《さだ》又三郎（忠光）入道の子息等楯籠り候を以て、隅州佐多村城を追い落とし候いおわんぬ、もしこの条偽り申し候はば、八幡大菩薩の御罰を罷《まか》り蒙《こうむ》るべく候、この旨を以て御披露あるべく候、恐惶謹言、

観応二年十二月十三日　左馬助義冬（尾張）（花押影）

進上　武藤但馬権守《たじまごんのかみ》殿

（禰寝文書）

佐多城（現鹿児島県肝属《きもつき》郡南大隅町）は島津氏の一族佐多氏が居城としていた。

そして直冬は清成に対して、観応三年正月二十三日、同年六月五日、義冬の手に属し、忠節を抽んじた戦功に対し感状を与えており、義冬は同年二月一日に大隅国多禰島《たねがしま》（現鹿児島県熊毛郡種子島）半分地頭職を兵粮料所として清成に預けている。また同年二月二十八日には、菱刈重任《ひしかりしげとう》以下の輩が道鑑に同心したとして、義冬は和泉《いずみ》忠直・莫禰《あくね》郡司等にその誅伐を命じている。さらに義冬は観応三年八月二十三日の挙状で、七月二十五日に

大隅鼻頬・隈本城の合戦

清成が島津氏久が立て籠る大隅国鼻頬《はなつら》・隈本《くまもと》（現鹿児島県霧島市隼人町）両城に軍勢を差し向け、十八日に敵をことごとく退散せしめたと述べており、その戦功に対し、本領安堵、

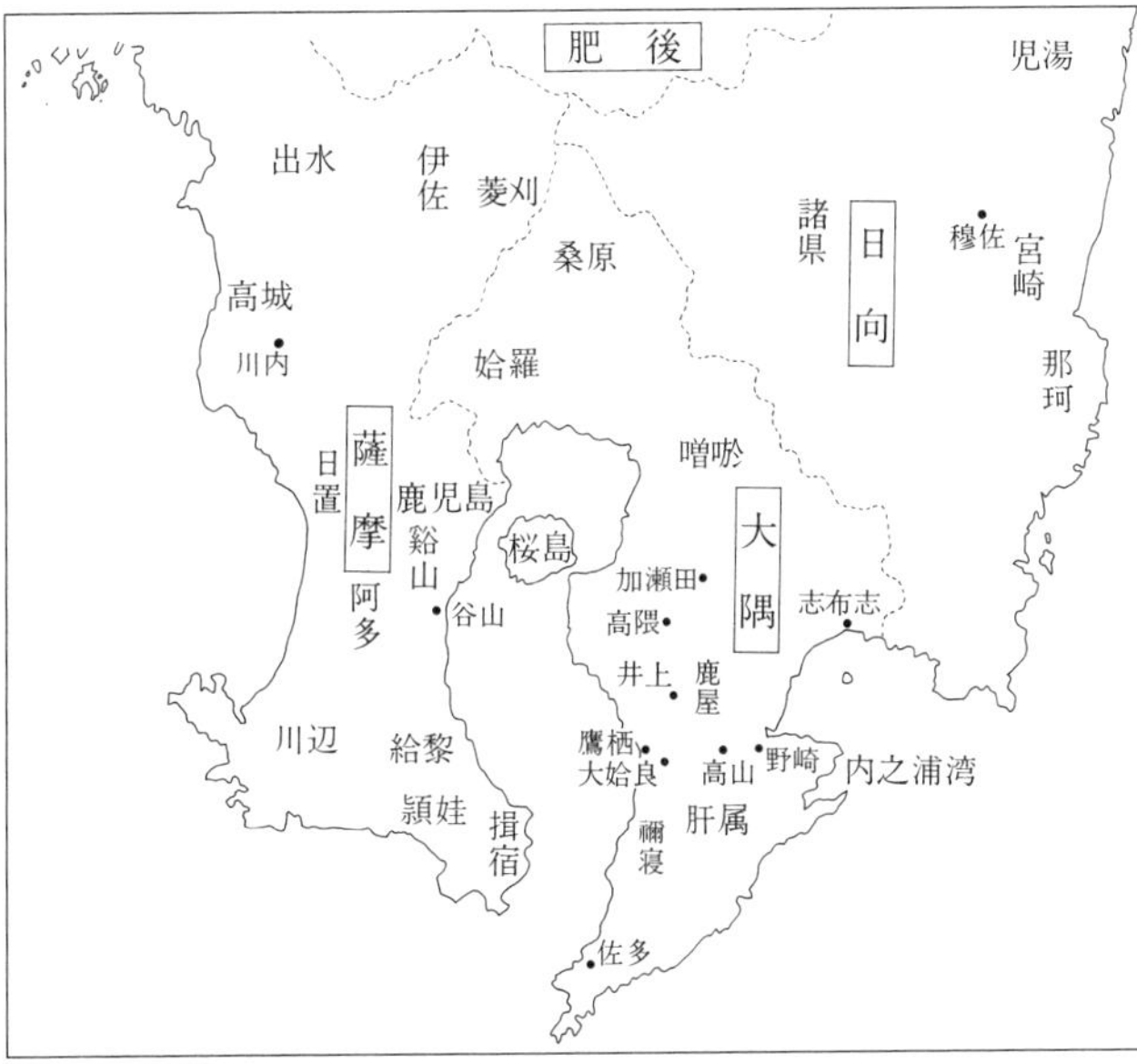

大隅半島合戦図

禰寝氏の動向

恩賞の給付を要請している。

これに呼応し、直顕も島津氏・征西将軍宮支持勢力に対する攻勢を強化している。禰寝氏は一貫して直顕と協力して、守護島津氏に対抗していることがわかるが、清成は観応二年八月日、それまでの戦功を述べた軍忠状を提出し、これに直顕が証判を与えている。

禰寝氏の戦功

それによれば、建武三年（一三三六）の直顕の日向下国以来、その味方として大隅・日向・薩摩三ヵ国の所々で合戦を重ねて来たが、特に貞和《じょうわ》六年（一三五〇）正月七日に、直冬から数通の軍勢催促状を拝領したことにより、直顕の手に属して、凶徒楡井《にれい》頼仲・同舎弟頼重以下の与党等が立て籠る所々の城に馳せ向かい、あるいは討ち取り、あるいは数ヵ所の城を攻略したと述べている。

大隅大姶良城の合戦

さらに軍忠状では、合戦の日、場所、手負《ておい》の状況についても具体的に記述している。すなわち観応二年三月二十七日、頼仲の党類大姶良《おおあいら》道心らが立て籠っていた禰寝院内の大姶良城（現鹿児島県鹿屋《かのや》市）に押し寄せ、同四月三日に、彼の城を退治、同十日に、頼仲

大隅加世田城・高隈城の合戦

の舎弟頼重が立て籠る同国肝属郡加世田《かせだ》城（現鹿児島県鹿屋市輝北《きほく》町）に押し寄せ、七月頃まで連日合戦している。七月十一日には、頼仲の与党等が立て籠る同国鹿屋院の高隈《たかくま》城（現鹿児島県鹿屋市）に押し寄せ、同十二日に攻め落している。同二十五日夜に、頼仲の党類細山田三郎、風早《かざはや》十郎らが大姶良城を忍び取ったので、向城を取った時、肥後次郎左

大隅鷹栖城の合戦

衛門入道および薩摩の征西将軍宮方の凶徒石堂《いしどう》入道以下が鷹栖《たかす》城（現鹿児島県鹿屋市）に入り、大姶良城の凶徒と協力したため、日夜合戦を繰り返している。八月三日には、頼仲

大隅姶良荘の合戦

の与党島津田三位房・饗庭《あえば》九郎以下数百人の凶徒が、姶良荘井上（現鹿児島県鹿屋市吾平《あいら》町）に寄せ来り、向城を取ったので、早速馳せ向かい、散々に太刀打合戦の末、三位房以下凶徒数十人を討ち取ったとある。さらに同日、大姶良城、加世田の小城崩城・高山《こうやま》

城（現鹿児島県肝属郡肝付町）を攻め落し、同日夜、加世田本城をも攻め落している。同四日には、大姶良城を攻め落し、鷹栖城に押し寄せ、合戦の末攻め落している。また同十二日には、頼仲の立て籠る日向国志布志《しぶし》城（現鹿児島県志布志市志布志町）に発向し、翌十三日にこれを攻め落したとある。

日向志布志城の合戦

直顕は観応二年八月七日、清成に大隅国井上・加瀬田・崩・高山・野崎・大姶良・鷹栖城退治の際の軍忠抜群として感状を与えており、さらに直顕は清成の軍忠状を副《そ》えて、その戦功を賞せられるよう直冬に申請しており、これを受けて直冬は清成に感状を与えている。

国において忠節を致すの条、尤も神妙、いよいよ戦功を抽んずべきの状件のごとし、

観応二年九月廿三日　（足利直冬）（花押影）

禰寝郡司（清成）殿

（禰寝文書）

直顕との緊密な連携

このように南九州における直冬の活動は、直顕との緊密な連携の下に遂行されていたことがわかる。

三　直冬の地方工作の苦悩

上洛に向けての工作

直冬は鎮西探題に補任された後、一層中国地方の在地有力国人等に対する工作を強化している。これが将来の上洛に備えての工作であったことは明らかであろう。直冬の鎮西探題就任が、その工作遂行上に果した成果は計り知れないものがあった。直冬は中国地方の国人に発給する文書においても、貞和七年の年号を使用している。

貞和七年の年号使用

伊予河野通盛の伊予国守護補任

さらに、中国地方だけでなく、四国の武士にも工作の手を広げており、伊予《いよ》国の河野《こうの》通盛《みちもり》を伊予国守護に補任する御教書を発給している。

伊与〔予〕国守護職の事、先例を守り、その沙汰致さしむべきの状件のごとし、

貞和七年卯月十三日　（足利直冬）（花押影）

河野対馬入道殿（通盛）

（稲葉河野文書）

河野氏の影響力

直冬は鎮西探題に補任されていたとはいえ、守護の補任権を与えられていなかったことはいうまでもない。しかし瀬戸内海の海上交通に影響力を有する河野氏を味方にしておくことは、将来上洛を意図する直冬にとって不可欠なことであったと思われる。

周防大内氏の与同

また長門《ながと》国守護であった厚東《ことう》氏が北朝方であったのに対し、周防《すおう》国の守護であった大内氏は、その対抗上南朝方を支持し、直冬が九州に下向してからは、直冬とも気脈を通じていた。このことが、後日、直冬が九州を脱出し、中国地方に転進することになった際、大内氏がこれを受け入れ、支援したことの伏線となっていた。

直冬の思惑

そのような思惑を抱いていた直冬は、馳せ参じて来た中国地方の国人平野三河房・吉《きっ》川《かわ》又三郎・吉川光経・石見《いわみ》国の井尻《いじり》三郎五郎・井尻八郎太郎・内田致世《ともよ》・出雲《いずも》国の諏訪《すわ》部信恵《べしんえ》・諏訪部扶貞《すけさだ》・安芸《あき》国の児玉家氏・児玉盛行・児玉豊行らに対し、「馳せ参ずるの条、尤も神妙なり、いよいよ戦功を抽んずべきの状件のごとし」、「国において忠節を致すの条、尤も神妙なり、いよいよ戦功を抽んずべきの状件のごとし」等の文言の感状を与えている。

また石見国の佐波《さば》顕清《あききよ》・都野《つの》時保《ときやす》・日置《へき》清政・越生《おごせ》義氏・周布《すふ》兼氏《かねうじ》・増田荘内乙吉村一分地頭《いちぶじとう》六郎入道道教・安芸国の児玉家氏・児玉豊行らは直冬より所領安堵を受けており、石見国の内田致世・吉川経兼は直冬より軍勢催促状を受け取っている。

石見国への吉見頼平派遣

観応二年八月十五日、直冬は石見国凶徒退治のため、吉見頼平《よしみよりひら》を差し遣わしていたことがわかり、さらに同年十二月三日にも、部将今川直貞を安芸国凶徒誅伐のため発向さ

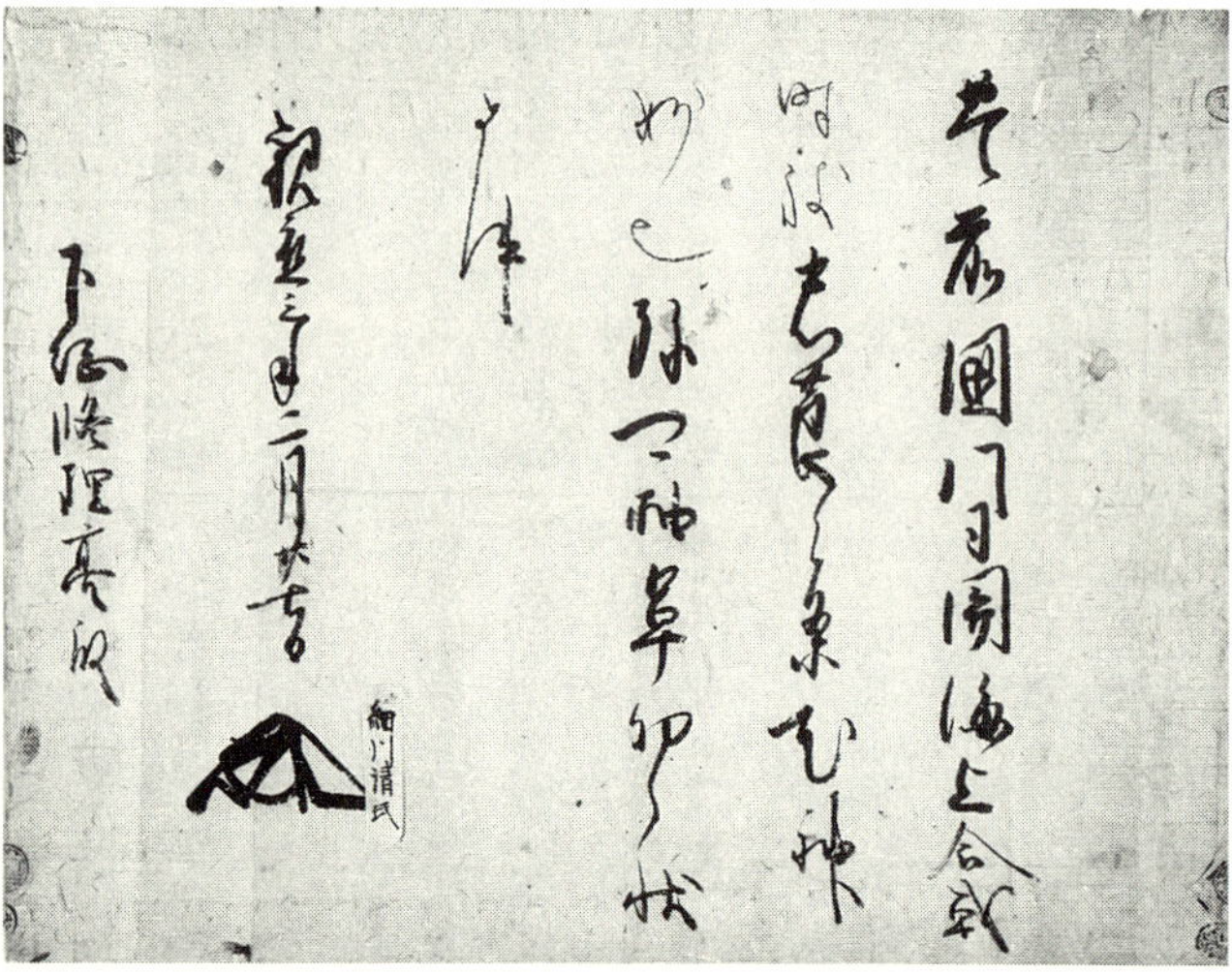

足利直冬感状（北九州市立自然史・歴史博物館所蔵「門司文書」）

安芸国への今川直貞派遣

せ、同日内田致世に対し、長門国厚東武村以下の凶徒退治を命じる軍勢催促状を発給している。

豊前門司関の海上合戦

また観応三年二月二十七日、直冬は豊前国門司《もじ》親胤《ちかたね》の門司関（現福岡県北九州市門司区）での海上の合戦における忠節に対し感状を与えている。同年二月日の親胤の軍忠状によれば、この海上の合戦は、大館《おおだて》右馬助《うまのすけ》配下の河津以下の凶徒が、厚東武直と同心して、数十艘の兵船に乗り、去年十二月二十三・二十四日の両日、門司関や領内の浦々に押し寄せた時、敵船二艘を打ち留めたため、凶徒等は長門国前田浦（現山口県下関市）に引き退いたとある。さら

豊前門司・長門・赤間の合戦

に今年正月二十日に、再び門司関に押し寄せたので、門司・赤間《あかま》（現山口県下関市）で兵船を乗っ取り、海上に押し浮べて合戦し、凶徒等数人を死傷させたので、小倉津《こくらのつ》（現福岡県北九州市）に引き退いたとある。二月一日にも、凶徒等が小倉津の沖で門司関の大船一艘を押し取り、長門国国府（現山口県下関市長府町）に逃れようとしたので、門司と赤間関の途中の海上で兵船を押え、敵船五艘に乗っていた凶徒数十人を誅伐し、数人を生け捕りにしたとある。

制海権をめぐる争い

関門海峡は、九州より中国に渡るための要衝であるところから、その制海権をめぐって、両勢力がしのぎを削る合戦を繰り返すことになったものと思われる。

石見国での支持勢力構築

観応三年閏二月九日、直冬は石見国の吉川経兼に勲功賞として、安芸国大朝新荘《おおあさ》（現広島県山県郡北広島町《やまがた》）地頭職を給付しており、直冬の部将仁科盛宗は、経兼に対し石見国の三隅兼連《みすみかねつら》と協力して三隅城（現島根県浜田市三隅町）を警固すべきことを命じている。これにより、直冬が石見国に重点的に支持勢力を構築しようと意図していたことがわかる。そして観応三年四月二十七日、直冬は経兼に石見国凶徒蜂起の際の貞節を賞する感状を与えている。

直冬の中国地方諸寺社への祈願

さらに直冬は、出雲国鰐渕寺《がくえんじ》（現島根県出雲市平田町）・出雲大社（現島根県出雲市大社町）・

長門一宮住吉神社（現山口県下関市楠乃）・長門二宮豊浦宮（現山口県下関市長府）・浄土寺（現広島県尾道市東久保町）等に祈禱を命じている。

諸勢力による抗争

勿論《もちろん》、南朝方、尊氏・義詮、直義もそれぞれ中国地方の国人に対する軍勢催促状・感状・所領安堵状等を発給しており、諸勢力が入り乱れて抗争を繰り返していた。同一人物が両勢力から軍勢催促状や感状を受け取っていることは九州における場合と変わりはない。直冬が観応と改元された後も、貞和年号を使用していた期間、中国地方の直冬支持勢力もまた貞和年号を使用していた。

配下の部将

直冬が鎮西探題に補任されていた頃、その配下の部将として畠山直顕・少弐頼尚・少弐資尚・詫磨宗直・今川直貞・新田貞広・尾張義冬・仁科盛宗・河尻幸俊・小俣氏連・戸次《べっき》頼時・吉見頼房・吉見頼平らがおり、彼らを九州さらには中国地方の各地に派遣し、支持勢力の拡大に努めている。

直冬与同輩と判定の基準

直冬が鎮西探題に補任された貞和七年・観応二年（一三五一）三月以後、観応三年三月頃までの約一年間、直冬の下に馳せ参じていたと判定される九州の国人を国別に分類し、その名前を示せば別表の通りである。

これらの者を直冬に味方した輩と判定した根拠は多岐にわたるが、「直冬に与同の

直冬与同の九州国人衆

筑前国	少弐頼貞・少弐直資・由比重富正雄・得永実種・住吉社神主政忠・青木大膳亮
筑後国	荒木家益・荒木勝固・草野円真
豊前国	尾形諸利・宇佐宮擬大宮司重経・武藤資法・戸井兵庫允・宇佐重輔・門司親胤・門司親長・門司能親・河依範房・林七郎太郎・臼木清十郎・秋吉盛基・大庭孫次郎
豊後国	野上広資・野上資親・都甲惟孝・詫磨西鶴丸・大神筑前次郎・土岐蔵人太郎・戸次左近将監
肥前国	後藤兵庫助・松浦大河野彦三郎・松浦大河内宥・松浦志佐有・松浦武末授・松浦西原鬼熊丸・松浦相知正・松浦大嶋聞・下松浦一族・龍造寺家経・龍造寺家政・龍造寺家平・吉田藤二郎・多久小太郎・於保宗喜・安富泰治・安富泰重・安富直安・西嶋又太郎・千栗社大宮司惟経・板部松愛丸・高木伯耆太郎・綾部幸依・深堀政綱・深堀政縄・深堀広縄・深堀時澄・深堀時明・三村高家・波佐見俊平・波佐見吉平・伊関彦四郎・山口彦五郎・横大路次郎左衛門尉・西郷次郎・大村中尾次郎・吉田彦次郎・福田理慶・福田兼政
肥後国	阿蘇大宮司惟時・竹迫種次・伊倉又次郎・相良経頼・橘道公
日向国	伊東祐胤・伊東祐武・伊東氏祐・伊東祐広・長井斎藤道慶・土持時栄・野辺政式
大隅国	禰寝清成・禰寝清増・禰寝清種・禰寝親類親吉・禰寝親類成広・種子島時基・得丸良世・河野兼久・松沢能信・松沢能久・大隅高元・沙弥浄西
薩摩国	武光重兼・二階堂行存・二階堂行房・渋谷重興・渋谷惟重・渋谷重勝・中木庭貞清・島津山田忠経・島津山田友久・島津伊作道恵・伊作田道材・豊田六郎次郎・比志島範平・河上家治・執印友雄・執印友躬・権執印良暹・和泉忠直・莫禰郡司
対馬国	宗経茂

輩」と記された者もあり、直冬に軍忠状を呈し感状を受け、勲功賞を給付されている者も直冬与同の輩と判定して差し支えないであろう。そのほか所領安堵を申請し、直冬の証判を与えられている者も与同の輩と判定できる。また「観応」と改元後も「貞和」年号を使用している者も与同の輩と認められる。

在地国人層の動向

ただ直冬の軍勢催促状を受け取った者を、直ちに与同の輩と認定することには問題がある。軍勢催促状を受けても、果してそれに応じたかは必ずしも明らかではないからである。中には阿蘇大宮司惟時のように、直冬、征西将軍宮、道猷の三者より軍勢催促状を受けた者もいる。さらに綾部《あやべ》幸依《ゆきより》・渋谷重興《しげおき》・伊作道恵《いざくどうえ》のように、状況の変化に応じて支持する相手を変えた者も少なくない。中には同時に両勢力に通じていた者もいる。別表は、このように流動的なものを静的にとらえることの困難さを考慮に入れながら作成したものである。

直冬与同の輩の特質

その結果、特徴的な現象として認められるのは、肥前国の国人の中に、直冬を支持した者が多いということである。これは直冬の部将少弐頼直・今川直貞・河尻幸俊・小俣氏連らがこの地に派遣され、積極的に組織化工作が行われた成果と思われる。しかし同じ肥前国の中でも上松浦地方は道猷の支持基盤であり、地域的分裂が見られる。さらに島津氏・相良氏・田原氏等において認められるように、同族内での分裂も珍しいことではない。このような九州における在地国人層の変転きわまりない動向が、直冬のみならず、道猷・征西将軍宮方の共通の悩みであったことは疑いない。

浮動的国人層の確保

南北朝時代の各地に割居《かっきょ》し、自分の利害によって自らの行動を決定する浮動的国人層を、自らの陣営につなぎ留めておく最も有効な策は、軍勢催促に応じて馳せ参じ、合戦で軍忠を樹《た》てた国人に対し、遅滞することなく恩賞を与えることであった。直冬もこの手段を駆使して、勢力の拡大強化に役立てている。

豊後詫磨宗直への勲功賞

たとえば直冬の部将として終始活躍した豊後国の大友氏の一族詫磨宗直に対しては、九州に下向直後の貞和五年（一三四九）十一月十九日に、筑後国守護職《しゅごしき》を与えており、さらに恩賞地として筑後国竹野四箇郷（現福岡県久留米市）地頭職、肥後国山本荘（現熊本県鹿本《かもと》郡植木町）地頭職、肥前国山田荘（現長崎県雲仙市吾妻町、愛野町）地頭職を与えている。

その後、貞和六年（一三五〇）正月二十八日には、豊後国久多見《くたみ》郷（現大分県竹田市久住《くじゅう》町・直入町）久多見二郎跡、肥後国岳牟田《たけむた》荘（現熊本県下益城《ましき》郡城南町）庶子等跡、同年二月十八日には、肥後国臼間野《うすまの》荘（現熊本県玉名郡南関町）地頭職、同年三月十二日には、筑後国瀬高上荘（現福岡県山門郡瀬高町）地頭職付たり領家《りょうけ》職、同年四月二十一日には、筑前国息浜《おきのはま》

（現福岡市博多区）地頭職、同年八月晦日には、播磨《はりま》国五ヶ荘（現兵庫県加古川市、高砂《たかさご》市、明石市、加古郡播磨町、稲美町）赤松入道跡、遠江《とおとうみ》国浜松荘（現静岡県浜松市）越後守跡、長井縫殿頭《ぬいどののかみ》（重継）跡、肥後国神蔵《かみくら》荘（現熊本市）欠所、同年十一月二十二日には、伊勢《いせ》国守護職等を恩賞として与えている。

散在所領所職の給付

その給付地は全国的に散在しており、当時の状況からして、とうていその権利を行使できたとは思えない。特に筑前国息浜は道猷が本拠とする博多に所在している。このような恩賞地を、直冬は次々と九州在地国人に与えているが、このことは中国地方の国人に対した場合も全く変わりはない。多くの給付地が「跡」とあることから、敵対する者が知行《ちぎょう》していた所領所職を恩賞地として給与したものと思われる。

肥前深堀政綱の恩賞地

貞和六年三月三日、肥前国深堀政綱が恩賞地として与えられた肥前国養父《やぶ》郡（現佐賀県三養基《みやき》郡、鳥栖市）内十五町は、道猷の家人《けにん》小久曽四郎三郎の跡と明記されている。さらに

肥前下松浦一族への恩賞地

直冬は、貞和六年四月二十一日には、松浦一族である松浦大嶋聞・同庶子九人・松浦重、同じく肥前国白石大草野通秀・肥後国小代政氏《しょうだいまさうじ》らに同日付で勲功賞を与えている。

下す　松浦大嶋小次郎聞

壱岐《いき》嶋長嶋次郎跡田地弐拾町・筑前国嘉摩《かま》郡内山田村半分四拾町山田又三郎跡地頭職

の事
右、勲功の賞として充行《あてが》うところなり、早く先例を守り領知せしむべし、ただし本主御方《みかた》に参らば、替り沙汰あるべきの状件のごとし、

貞和六年四月廿一日
（花押）（足利直冬）

（来島文書）

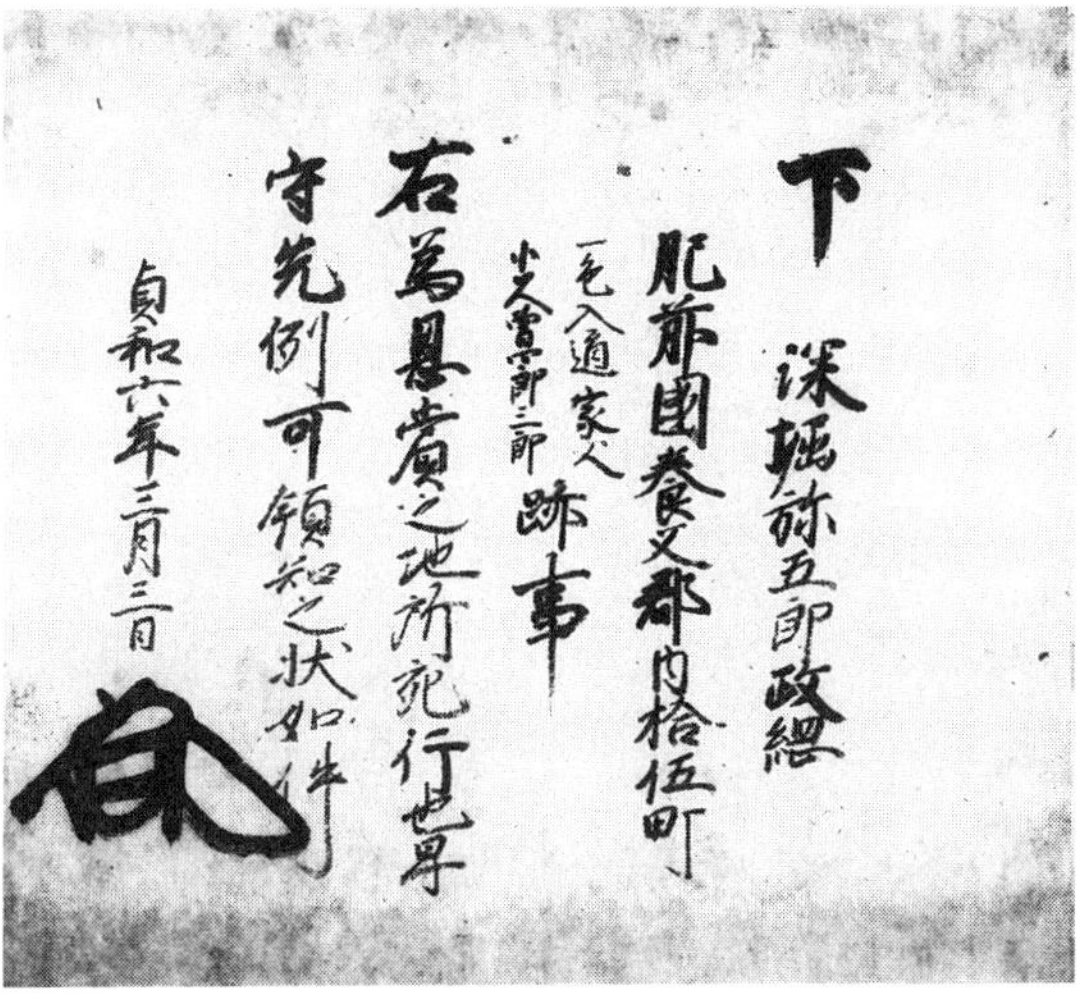
下　深堀弥五郎政經
肥前國養父郡内拾伍町
一色入道家人
小大貫弥三郎　跡事
右爲恩賞之地所充行也早
守先例可領知之状如件
貞和六年三月三日
（花押）

足利直冬充行状（鍋島報效会所蔵「深堀家文書」）

肥前大嶋聞への勲功賞の替地

肥前波佐見俊平・波佐見吉平の恩賞地

ところが観応二年（一三五一）十二月二十五日、大嶋聞は直冬から勲功の賞を与えられているが、本主長嶋次郎・山田又三郎が直冬方に馳せ参じたらしく、「壱岐島長嶋次郎跡・筑前国山田又三郎跡の替として充行うところなり」と記されている。同様に肥前国波佐見《はさみ》俊平《としひら》は伊関《いせき》彦四郎跡肥前国彼杵荘（現長崎県東・西彼杵郡、

佐世保市、大村市、西海市）内田地五町を、波佐見吉平は山口彦五郎跡肥前国神崎荘（現佐賀県神埼市神埼町）内馬郡十五町をそれぞれ直冬より恩賞地として給付されていたが、本主であった伊関彦四郎と山口彦五郎が味方として忠節を抽んじたとの情報が直冬の所に達したらしく、観応二年十一月二十一日、忠孝・貞宗連署奉書により、肥前国深堀政縄にその実否を起《き》請文《しょうもん》を載せて注申するよう命じている。

所領回復のため直冬に味方

このように直冬に敵対したため所領を没収された者は、その所領回復のため、直冬に味方するようになった者も少なくなかった。同様のことは、道猷・征西将軍宮方においてもしばしば見られる現象である。南北朝時代の浮動的国人たちの行動における判断材料は、各勢力の消長にかかっていたといっても過言ではないであろう。

四　花押の変化

直冬発給文書

先述したように、残存する直冬が発給した最初の文書は、「祇園神社文書」貞和四年（一三四八）四月二十二日足利直冬書下《かきくだし》案であるが、以来直冬が発給した最後の文書である「吉川家文書」正平二十一年（一三六六）十二月八日足利直冬書下まで約四〇〇通近い文書が残存している。

花押の変化

その間、発給した文書に据《す》えられた花押《かおう》には、時の経過に伴っていくつかの変化が見られる。最初の発給文書である貞和四年四月二十二日足利直冬文書は案文であるので花押は認められない。

直冬の花押の初見

直冬の花押の初見は、「北島文書」貞和四年六月七日付で、出雲杵築《きづき》大社（現島根県出雲市）国造《こくぞう》貞教《さだのり》宛に紀伊《きい》凶徒退治の祈禱を命じた書下（①）である。

次に残存している直冬の花押としては、貞和四年六月十八日、山城《やましろ》国宝積《ほうしゃく》寺（現京都府乙訓《おとくに》郡大山崎町）長老ならびに寺僧中に宛てて発給した個人所蔵文書、貞和五年四月七日、

花押の変化（①～⑯）

①出雲北島文書
貞和４・６・７／書下

②備後浄土寺文書
貞和５・４・７／書下

③筑後近藤文書
貞和６・12・７／所領安堵裏書

④備後浄土寺文書
観応２・８・15／書下

備後《びんご》国浄土《じょうど》寺（現広島県尾道市）長老に宛てて祈禱を依頼した文書（②）などがある。ただこの「浄土寺文書」の花押は貞和六年十二月以降に出現する直冬の花押（③）に基本的には類似している。そして同じ「浄土寺文書」観応二年八月十五日の直冬書下に据えられている花押（④）とも類似していることは注目すべきことであり、種々問題があるように思われる。

その後「出雲安国寺文書」貞和五年八月九日の直冬書下に据えられた花押から、貞和五年の末頃までに使用された花押は次の形である（⑤⑥）。

⑤出雲安国寺文書
貞和５・８・９／書下

⑥肥後志岐文書
貞和５・12・９／書下

最初の変化

ところが貞和六年に入ると、右の円形部分が下に下がるとともに、三角形に近い形に変化する。そしてこの花押は貞和六年十一月末まで、微妙な形の変化は認められるが基本的に同型の花押が用いられていたということができる（⑦〜⑨）。

⑦肥前深堀家文書
貞和６・２・５／感状

⑧肥前来島文書
貞和６・４・21／下文

⑨肥前龍造寺文書
貞和６・11・27／所領安堵裏書

二回目の変化

次に「お茶の水図書館所蔵文書」貞和六年十二月三日足利直冬所領安堵状に据えられた花押を初見として変化する（⑩⑪）。

⑩お茶の水図書館所蔵文書
貞和６・12・３／所領安堵状

⑪肥前斑島文書
貞和６・12・７／所領安堵状

三回目の変化

ところが観応二年十月頃からその萌《きざし》が認められるが、右の下の部分が変化して観応三年には次の花押となっている。そしてこの花押は正平十一年・文和《ぶんな》五年（一三五六）三月頃を下限として使用し続けられている。したがって直冬が四年余の長期にわたって使い続けた花押ということになる（⑫〜⑭）。

⑫肥前深堀家文書
観応2・10・19／感状

⑬豊前門司文書
観応3・2・27／感状

⑭伊予忽那文書
正平11・3・9／軍勢催促状

四回目の変化

その後、直冬の活動はほとんど見られなくなり、それに伴って直冬の発給文書も激減しているが、正平十三年・延文《えんぶん》三年（一三五八）頃になると、再び貞和六年末頃に使用され始めるようになった花押に類似したものに変わっている（⑮⑯）。

五種類の花押

したがって直冬の花押は、大きくは五種類に変化分類できる。この花押の変化について、直冬の政治的立場の推移と関連付けて種々の説明が試みられているが、明確な理由付けはわからないように思われる。

⑮伊予忽那文書
正平13・12・29／感状

⑯吉川庶流篇目
正平21・12・8／充行状

第五　望みなき戦の日々

一　直冬のかげり

尊氏の関東下向

相模早河尻の合戦

尊氏《たかうじ》は鎌倉に逃れた直義《ただよし》が、関東武士団を結集して再起することを恐れ、観応《かんのう》二年（一三五一）十一月四日、大軍を率いて関東に下向《げこう》した。途中支持勢力を結集しながら各地の直義の軍勢を撃破し、正平《しょうへい》七年・観応三年（一三五二）正月二日、相模《さがみ》国早河尻《はやかわじり》（現神奈川県小田原市）での合戦で勝利を得て、ついに直義は尊氏に降伏した。

直義降伏

同六日、尊氏は直義を伴って鎌倉に入った。かつて高師直《こうのもろなお》・師泰《もろやす》を誅伐《ちゅうばつ》した後、窮地に立っていた兄尊氏を助命した直義としては、今度は尊氏が自分を厚免《こうめん》してくれるであろうと期待していた節がある。

尊氏勝利の報

この尊氏の勝利の報は九州にも伝えられている。

関東の合戦に御討ち勝ち給《たま》うの由、方々より馳《は》せ申し候の上、使者近日到来すべく

候、天下の大慶目出候、この間久しく承《うけたま》わらず候、心もとなく候、その子細承わり
申すべく候、恐々謹言、
（正平七年）二月十八日　　直氏（一色）（花押）
波《は》多《た》新《(祝)》蔵人《くろうど》殿
（有浦文書）

直義の急死

この情報は全九州の在地国人《こくじん》たちに、またたく間に広がったものと思われる。ところが直義は二月二十六日、鎌倉で急死した。四十六歳であった。『園太暦《えんたいりゃく》』は閏《うるう》二月七日の記事に「今日聞く、直義入道早世必定《そうせいひつじょう》と云々、もし天下の静謐《せいひつ》の基《もとい》たらば神妙か、ただし毎事凡慮さらに測り難き者なり」と感想を述べている。『太平記』は毒殺されたとの噂があったことを伝えている。

観応の擾乱の終幕

観応の擾乱《じょうらん》と称された室町幕府内の内紛は、直義の死によって終わりを告げた。直冬を庇護《ひご》し続けてくれた養父直義の死を知った直冬の心中は察するに余りある。直義の死は、直冬の九州における立場に決定的打撃を与えることになった。さらに直冬のその後の行く末を暗示する出来事であったともいえる。

足利直義花押

直冬の選択肢

直冬には生きるために、父尊氏と正面から対決し、死中に活を

求める以外に選択の途はなかった。

しかし直冬には、いつまでも傷心に浸っていることは許されなかった。頼るべき何物もなくなった直冬は、客観的にはまったく不利な状況の中にあっても、自ら局面の打開を図る以外に生き残る道はなかった。直義の死がいつ直冬に伝わったか明確な月日はわからないが、翌月の閏二月中には伝わっていたことは疑いない。

直冬発給文書の激減

現象面では直義の死後、直冬の九州における活動を示す史料が激減していることが認められる。その少ない史料の中で、肥前国於保《おほ》宗喜《むねよし》が筑後資尚《すけひさ》に属して忠節を抽《ぬき》んじたことに対する感状《かんじょう》を与えている。

筑後（少弐）孫次郎資尚の手に属し、忠節を致すの条、尤《もっと》も神妙なり、いよいよ戦功を抽んずべきの状件のごとし、

観応三年壬二月三日　（足利直冬）（花押）

於保五郎（宗喜）殿

（多久文書）

また観応三年閏二月十一日には、筑後国上津荒木勝固《まさかた》に勲功の賞を充行《あてが》っている。そして同年三月十四日には、大隅《おおすみ》国禰寝《ねじめ》清成、日向《ひゅうが》国土持時栄《つちもちときひで》に感状を与え、同年四月二十九日には、日向国野辺《のべ》政式《まさのり》に勲功の賞を充行っている。

豊前赤城・笠松城の合戦

同年五月二日には、大庭《おおば》孫次郎以下が立て籠っていた豊前国赤城《あか》（現福岡県田川郡赤村）・笠松城（現福岡県飯塚市）を豊前国西郷有政《さいごうありまさ》・肥後国平河定家《ひらかわさだいえ》らが攻撃し、六月九日に攻め落とされている。また六月五日には、禰寝清成が尾張義冬《おわりよしふゆ》に属して、薩摩国において忠節を抽んじたことに対し感状を与えている。

筑後国への詫磨宗直の発向

同年六月十八日には、征西将軍宮《せいせいしょうぐんのみや》の筑後国進出に対し、部将詫磨宗直《たくまむねなお》を発向させている。

筑後国凶徒対治の事、急速に発向せしめ、地頭《じとう》・御家人《ごけにん》等を相催し、軍忠を致さしむべきの状件のごとし、

観応三年六月十八日　（足利直冬）（花押）

（詫磨宗直）大友右馬権助殿

（詫摩文書）

直冬の所領安堵

そして同年六月二十九日、肥前国太田荘（現佐賀県武雄市北方町《きたがた》・杵島郡大町町）の替として、肥前国村田荘（現佐賀県鳥栖市《とす》）地頭職を、肥前国五嶋内日嶋《ひのしま》内日嶋浦（現長崎県南松浦郡新上五島町）の替として、肥前国西浦（現佐賀県杵島郡江北町《こうほく》）三十町西浦彦五郎跡・同宇良《うら》（現佐賀県唐津市）三十町宇良四郎太郎跡を日向国伊東祐武《すけたけ》に充行っている。

肥後丸山陣・前原陣・岩野城・板井原陣

また、同年七月、日向国伊東氏祐《うじすけ》は肥後国丸山陣（現熊本県芦北郡芦北町）、前原陣《まえばる》（現熊

本県玉名郡和水町《なごみ》）、岩野城《いわの》（現熊本県鹿本《かもと》郡植木町）、板井原陣《いたいばる》（現熊本県菊池市七城《しちじょう》町）等で忠功を樹《た》てており、この軍忠状に直冬が証判を与えている。

大隅鼻頬・隈本城の合戦

直冬の部将尾張義冬は、島津氏久の立て籠る大隅国鼻頬《はなつら》・隈本《くまもと》両城に軍勢を差し向けて合戦し、八月十八日に氏久らを退散させている。この合戦に参加し、軍忠を抽んじた禰寝清成は本領安堵・恩賞等を所望《しょもう》しており、義冬はこれを直冬に取り次いでいる。

また同年九月十日、直冬は筑前国筥崎《はこさき》宮（現福岡市東区）の社領筑前国鳥飼《とりかい》村（現福岡市城南区）田地三町を、松浦丹後《たんご》又次郎庶子宗幸《むねゆき》が恩賞と号して押妨《おうぼう》したのを、少弐頼尚《しょうによりひさ》に命じて社家に返付させている。

肥前国への小俣氏連の派遣 肥前多比良外城

直冬の部将小俣氏連《おまたうじつら》は、九月頃再び肥前国島原半島地方（現長崎県南島原市）に派遣されており、所々で合戦し、多比良《たいら》外城（現長崎県雲仙市国見町）攻めで戦功を抽んじた肥前国安富直泰《やすとみなおやす》に感状を与えている。氏連の派遣は、この地方に勢力を伸長しつつあった征西将軍宮に対抗する勢力を確立するためであったと思われる。

この期間、直冬の部将詫磨宗直・少弐頼尚・少弐資尚・今川直貞《なおさだ》・尾張義冬・小俣氏連などを各地に派遣して勢力の回復に努めさせているが、直冬自身が軍勢を率いて、一《いっ》色道猷《しきどうゆう》・征西将軍宮方と決戦を積極的に挑んだ形跡は認められない。むしろ直冬は、中国地方の武士工作の方に軸足を移しつつあったように思われる。

直冬の観応年号使用継続

なお北朝は同年九月二十七日、文和《ぶんな》と改元したが、直冬は南朝方に降伏し、正平年号を用いるようになる正平八年（一三五三）五月頃まで、引き続き観応年号を用い続けている。したがって直冬が文和年号を用いた文書はまったく残存していない。

後村上天皇の綸旨

直冬が直義の死後、沈滞に陥ったのとは対照的に、道猷は征西将軍宮支持勢力と連携しながら、一層直冬を大宰府《だざいふ》周辺に追い詰めつつあった。道猷が豊後国田原正曇《しょうどん》に送った正平七年閏二月十六日の書状の中で、「直冬を退治すべしとの後村上天皇の綸旨《りんじ》を受け取ったので、征西将軍宮方にその旨《むね》通報したところ、合戦の時は軍勢を差し遣《つか》わすとの返事をいただいた。しかし直冬を攻撃するための味方の軍勢が少ないので、退治の時は大友氏泰《うじやす》や正曇等が援軍に来ていただければありがたい」と伝えている。

道猷、後村上天皇綸旨・尊氏御教書により発向す

その後道猷は、薩摩国莫禰《あくね》政貞・同国満家院《みついえいん》の西俣《にしまた》氏・筑前国由比《ゆい》重富正雄《しげとみまさお》・肥前国綾部《あやべ》幸依《ゆきより》らにも、次のような軍勢催促状を発給している。

直冬（足利）・頼尚（少弐）以下の凶徒退治の事、綸旨・御教書《みぎょうしょ》等に就いて、発向するところなり、不日《ふじつ》馳せ参じ、忠を致さるべし、仍って執達《しったつ》件のごとし、

正平七年三月八日　沙弥（一色道猷）（花押影）

莫禰兵衛尉（政貞）殿　（薩藩旧記所収西俣文書）

直冬支持勢力への働きかけ

この軍勢催促状において、後村上天皇の綸旨、将軍足利尊氏御教書などの命を奉じて発向することを強調しており、年号は正平年号を用いている。特に重富正雄・綾部幸依は、かつて直冬に味方していた国人であり、道猷がそのような勢力にまで積極的な働きかけを開始していることは注目される。

また一色直氏は豊後国田原正曇に対し、大友氏時と協力して、大宰府にいる直冬を諸方より攻撃するよう要請している。

大友（氏泰）殿已《すで》に球珠《くす》に御打ち出すの由承わり候、返す返す目出候、宰府退治諸方同時に攻め寄せられ候様ニ御談合候はば、殊更《ことさら》たやすかるべく候、その子細状に尽しがたく候、親昌申すべく候、恐々謹言、

三月廿八日（正平七年・観応三年）　宮内少輔（一色）直氏在判

謹上　豊前蔵人三郎入道（田原正曇）殿

（大友家文書録所収）

正平一統の破綻

しかし京都においては、南北両勢力の協力関係はすでに破れつつあった。尊氏・義詮《よしあきら》が南朝と和を結び、発給文書で正平年号を用いていたのは、直義との抗争に打ち勝つための一時的方便であった。したがって直義が死亡した以上、尊氏らが南朝方と協力関係

を継続する必要はなくなった。
義詮は、早くも閏二月二十三日の軍勢催促状で「宮方との合体御違変の間、江州（近江国）に打ち越すところなり」と述べ、観応年号を用いるようになっている。おくれて尊氏も三月十一日には観応年号に復している。

道猷と征西将軍宮との協力関係の解消

このような京都の状況の変化は、早速九州の道猷の下にも伝えられたらしく、それまでの征西将軍宮方との協力関係は解消され、道猷も観応年号を使用するようになっている。

伊予河野通盛に豊後発向を求む

伊予国の凶徒蜂起等の事、今月十日の注進状披見《ひけん》せしめ候、忠節の次第誠に以て神妙、軍勢の事、その沙汰あるところなり、そもそも大友式部丞《しきぶのじょう》氏泰以下の凶徒、已に当所に襲来せしむ、その辺の事、殊の子細なくんば、早く後措として、一族以下の輩を相催し、豊後国に発向せしめ、軍忠を致さしむべきの状件のごとし、

観応三年四月廿一日　御判（一色道猷）

河野対馬入道（通盛）殿

（河野家譜所収）

急変する状況

わずか二十日くらい前に氏泰と協力して直冬を攻撃せよと命じていた者が、氏泰が道猷の所に攻め寄せて来たので、通盛《みちもり》に一族を率いて氏泰留守中の豊後国を攻撃せよと命

じているわけである。猫の目のように変わる状況の変化、それに応じた離合集散の実態はなかなか理解に苦しむものがある。

少弐頼尚・戸次頼時の所領没収

そして道猷は直冬に与同していた少弐頼尚・豊後国戸次《べっき》頼時《よりとき》の所領所職を没収して、味方に馳せ参じた島津資久《すけひさ》に勲功賞として与えている。

(足利尊氏)
(花押影)
肥後国山鹿《やまが》庄内筑後守頼尚(少弐)の跡・同国尻無《しりなし》村・日向国宮崎郡内戸次丹後守(頼時)の跡地頭職の事、勲功の賞として、充行うところなり、早く先例を守り、沙汰致さるべし、
仍って執達件のごとし
観応三年四月廿五日　沙弥(一色道猷)(花押影)
島津三郎(資久)右衛門尉殿

(薩藩旧記所収樺山文書)

肥後山鹿荘

資久は道鑑《どうかん》の弟、樺山《かばやま》氏と号した。この山鹿荘(現熊本県山鹿市)は無量光院《むりょうこういん》、浄金剛《じょうこんごう》院《いん》領を経て、南北朝時代には西園寺公重《さいおんじきんしげ》領となっていた。尻無村については所在不明。宇佐宮領であった宮崎郡(現宮崎市)内には多くの在地領主の所領が錯綜《さくそう》しており、具体的所在地はわからない。

二　九州脱出

局面打開のための中国地方工作

直冬は九州に下向以来、怠りなく中国地方の在地国人に対する働きかけを行ってきた。その意図するところは、尊氏の九州への下向阻止であったり、自らの将来の上洛の際への布石であった。しかし直義の死による九州における戦況の急激な悪化は、それまでの布石的位置づけから、局面打開のための緊急課題となりつつあった。

当時中国地方でも、北朝勢力と南朝勢力との間では、各地で激烈な対立抗争が繰り返されていた。したがって直冬は、両勢力の間隙《かんげき》を縫って働きかけをすることを余儀なくされることになった。

石見吉川経兼への勲功賞

直冬は石見《いわみ》国吉川経兼《きつかわつねかね》に勲功賞を充行っている。直冬の部将仁科盛宗《にしなもりむね》が経兼に宛てた観応三年閏二月十日の書状によれば、石見国で凶徒が蜂起した時、直冬方に味方していた人々から、心変りする者が出た中で、経兼が忠貞を守ったことに対し、直冬が恩賞を与えたものであることがわかる。

下す　吉河次郎三郎経兼

早く領知せしむべし、安芸《あき》国大朝《おおあさ》新庄土貢弐佰貫地頭職の事

右、人、勲功の賞として充行うところなり、てえれば、先例を守り、沙汰致すべきの状件のごとし、

観応三年閏二月九日

源朝臣（足利直冬）（花押）

（吉川家文書）

石見内田致世への感状

大朝新荘（現広島県山県《やまがた》郡北広島町）は天台門跡《もんぜき》妙法院《みょうほういん》領である。さらに石見国内田致世《ともよ》に感状を与えている。

国において忠節を致すの条、尤も神妙なり、いよいよ軍功を抽んずべきの状件のごとし、

観応三年四月十五日　判（足利直冬）

内田（致世）左衛門三郎殿

（永田秘録所収内田家文書）

このような感状を受けた者に、石見国井尻《いじり》八郎太郎・周布《すふ》兼成《かねなり》などがいる。また直冬は致世に軍勢催促状を発給している。

長門厚東武直の誅伐

厚東《ことう》（武直）駿河太郎以下の凶徒誅伐の事、度々《どど》仰せられ候処、今に発向せずと云々、何様の事に候や、不日馳《は》せ向かい、軍忠を致すべきの状件のごとし、

判（足利直冬）

観応三年六月廿日

内田右（左カ）衛門（致世）三郎殿

（永田秘録所収内田家文書）

長門《ながと》国厚東武直は北朝方として、観応二年十二月二十三・二十四日の両日、数十艘の兵船に乗り、門司《もじ》関と領内浦々に押し寄せ、門司親胤《ちかたね》と合戦した人物である。同文の軍勢催促状を石見国益田兼見《ますだかねみ》も受け取っている。

石見野城の合戦

さらに石見国周布兼成の石見国野城《のじろ》（現島根県大田市）での軍忠に対し感状を与えている。

石見国野城において忠節を致すの条、尤も神妙なり、いよいよ戦功を抽んずべきの状件のごとし、

観応三年十月卅日　義貞ノ判（足利直冬）

周布六郎（兼成）太郎殿

（萩藩閥閲録所収周布文書）

このように直冬の中国地方への工作の重点が、石見国の国人たちに置かれていたことがわかる。

安芸国への今川直貞の派遣

さらに直冬の部将今川直貞を安芸国に派遣しており、直貞は観応三年十一月日の吉川経兼の安芸国所々における軍忠状に証判を与えている。同十二月には、経兼に対し所領

直冬の中国地方工作にかける熱意

畠山直顕の動向

直顕と征西将軍宮との対立抗争

直顕の日向国守護解任

直顕の奮闘

安堵、兵粮料所の預置《あずけおき》、感状の給付なども行っている。直貞は直冬の命により、肥前国・筑後国・豊前国等に侍大将として派遣され、合戦を通じて、直冬の勢力拡大に貢献してきた人物である。その直貞が安芸国に派遣されていることは、直冬の中国地方工作にかける熱意が、なみなみならぬものであったことが窺える。

畠山直顕《はたけやまただあき》は日向国大将と日向国守護を兼任し、終始直冬方として南九州に勢力を伸張し、道猷と連携する島津道鑑支持勢力、および征西将軍宮支持勢力と日向・大隅・薩摩三国を中心に、各地で合戦を繰り返してきた。直冬・道猷は戦略上、一時征西将軍宮方と協調あるいは協力関係にあったこともあるが、直顕の場合、征西将軍宮方と一貫して対立関係にあった。このことは楡井《にれい》頼仲をはじめ、大姶良《おおあいら》道心・横山彦三郎・島津田三位房・饗庭《あえば》九郎・風早《かざはや》十郎・細山田三郎・蓑和《みのわ》新三郎などが宮方として、日向・大隅両国において直顕と対立抗争を繰り返していたためと思われる。したがって直顕が正平年号を用いた文書はこの時期一通も残存していない。

そして直顕は観応三年には、幕府によって日向国守護を解任され、代りに一色直氏が日向国守護となっている。しかし直顕は日向国の領国化を強化し、直義の死によって、北部九州において直冬の勢力が衰退傾向にある中で、直顕は南九州において、道鑑・征西将軍宮の支持勢力に対し、果敢な挑戦を試みている。

義詮は、観応三年四月二十九日、直顕・伊東祐広《すけひろ》以下の直冬与同の凶徒等が、尊氏の御台所《みだいどころ》赤橋登子《とうし》の御領日向国穆佐院《むかさいん》（現宮崎県宮崎市高岡町）および島津荘内に城郭を構え濫妨《らんぼう》をしたとして、退治することを道猷に命じ、それに島津の人々・道鑑・新田宮執《しゅう》印《いん》友雄らが合力《ごうりき》することを命じている。

大隅隈本城・栗野北里城の合戦

また道鑑が征西将軍宮の令旨《りょうじ》を受けて、薩摩国凶徒や所々の悪党等を率いて大隅国隈本城・栗野北里城（現鹿児島県姶良郡湧水町）に攻め寄せて来たので、退治のため発向している。

嶋津上総入道々鑑（貞久）、肥後宮の令旨を以て、薩摩国の凶徒ならびに所々の悪党等を引卒〔率〕し、大隅国隈本城・栗野北里城を逐《お》い落すの間、退治のため発向するところなり、用意を致し、軍忠を抽んずべきの状、仍って執達件のごとし、

観応三年七月廿日　修理亮《しゅりのすけ》（畠山直顕）（花押影）

姫木《ひめき》五郎四郎殿

（薩藩旧記所収瀬戸口文書）

島津氏久の苦戦の有様

同文の軍勢催促状が、調所敦恒《ずしょあつつね》・姫木弥四郎・姫木十郎らにも発給されている。文和二年（一三五三）三月五日の島津氏久の請文《うけぶみ》によれば、去年七月二十四日に、直顕の子息宗《むね》

泰《やす》を大将として、日向・大隅寄郡の軍勢を率いて大隅国に打入り、税所介《さいしよのすけ》以下国中の主要な武士はおおよそ直冬方に味方したとある。そして二ヵ月にわたる合戦の末、ようやく一方の陣を破り、八月十八日にようやく薩摩に引退くことができたと苦戦の有様を注進している。

直冬は部将尾張義冬を派遣して直顕の合戦を支援しており、これに対し尊氏・義詮・道猷は御教書、書下《かきくだし》等を発給して直冬以下与同の凶徒の誅伐を命じている。このように九州における直冬方支持勢力が漸減《ぜんげん》下降し続ける中、ひとり直顕が日向国の領国化を進めることによって、直冬方の孤塁《こるい》を守り続け奮闘していた感がある。

直顕の心中

直義との関係で直冬を支持した直顕にとって、直義の死は衝撃であったと推測される。しかし直顕が置かれた立場上、戦い続ける以外に生き残るための選択の道はなかったものと思われる。

九州の戦況

九州における戦況は日に日に直冬に不利に傾きつつあった。そして直冬はジリジリと後退して、大宰府周辺に追い詰められていた。

筑前椿・忠隈の合戦

観応三年・文和元年（一三五二）十一月十二日、筑前国椿《つばき》・忠隈《ただくま》（現福岡県嘉穂《かほ》郡穂波《ほなみ》町）で道猷方と直冬方との合戦が行われている。道猷方として合戦に参加した肥後国平河貞家《ひらかわさだいえ》・

香椎宮
多々良浜
博多湾
筥崎宮
住吉神社
月隈
金隈
四王寺山
大野城趾
有山智城
太宰府天満宮
浦城
水城跡
太宰府政庁跡
針摺原
椿
忠隈
大保原
床河
綾部

大宰府周辺図

豊前国西郷有政の軍忠状によれば、貞家の舎兄貞世《さだよ》は討死し、貞家も右足の甲を射られ、目を失っており、有政の親類朽網隼人佐《くたみはやとのすけ》が右足の甲に射疵を受け、若党簗瀬《やなせ》彦六が右小肘に射疵を負っている。

直冬、椿・忠隈の合戦に敗る

この合戦について、『園太暦』文和二年正月十日の記事に「十一月十二日の合戦に敗績す」とあり、直冬がこの合戦で敗れたことを伝えている。十一月十二日の合戦とはまさに椿・忠隈の合戦と思われる。しかしこれ以外にこの合戦についての史料はなく、その詳細については明らかではない。「征西将軍宮譜」にも「足利左兵衛佐《さひょうえのすけ》直冬の筑紫の者共に背出され、安芸・周防の間に漂泊し給ひけるを云々、といへる折の事なれども、十一月十二日の合戦ハ、いづくにての事なりしや、大かた筑前にての合戦とハ覚《おぼ》ゆれども、敵ハ誰なりしや、それさへさだかならず」と記述している。

大宰府の合戦

『園太暦』は十一月十二日の合戦の後、直冬はしばらく長門国豊田城（現山口県下関市豊田町）に逃れたと記しているが、貞家の軍忠状によれば、十一月二十四日に大宰府で合戦があり、峯薬師堂より浦城《うらのじょう》（現福岡県太宰府市）に直冬の軍勢を逐い籠め、日夜合戦を繰り返し、正月二日の合戦の時、戦功を抽んじたとある。

大宰府浦城の合戦

浦城については、『筑前国続風土記拾遺《ふどきしゅうい》』に次のように記されている。

浦城の所在地

古城古戦場 御笠《みかさ》郡 浦古城　太宰府神廟の西原山との間にある小山なり、西方高き所三畝《ぜ》許《ばかり》、其次一段低き処一段余、又其次高き処北方五畝許、東の方最高き所長サ二十五間《けん》許、その東面又南の尾にも段々に平地有、何《いず》れも今は圃と成れり、此処ハ天慶年中藤原《ふじわらの》純友《すみとも》四国を落て、太宰府を侵寇せし時、籠りし城址也といふ。

浦城の築城時期

しかし浦城が築城されたのは、モンゴル襲来後のことで、博多に鎮西探題《ちんぜいたんだい》が設置されたため、少弐氏の居城として、四王寺《しおうじ》山の山麓の丘陵、現在の太宰府市太宰府大字原小字浦に築城されたものである。

また西郷有政の軍忠状によれば、十一月二十四日の大宰府合戦で、若党三緒《みもろ》彦左衛門尉が左小肘切疵を負っており、浦城攻は十二月一日より翌年二月一日まで日夜合戦が継続し、その間毎度忠節を抽んじたと申している。

大宰府での攻防戦

直冬の大宰府脱出の時期

このように頼尚は居城である浦城に立て籠り、道猷方の攻撃を受け、十一月二十四日から翌年二月一日までの約六十数日の長期にわたって、大宰府での攻防戦が展開されていることから、直冬の大宰府脱出は、『園太暦』に記述されている十一月十二日の椿・忠隈の合戦で敗れた直後ではなく、十一月二十四日以後の大宰府での攻防戦が、直冬・頼尚方にとって決定的に不利な状況に陥った段階で大宰府脱出を決断した可能性が高い。

直冬の帰府

このことを裏付ける史料として、さきに肥前国高来郡の南朝方勢力を討伐するため派遣されていた小俣氏連が、直冬が大宰府に帰ったとの情報が入ったので、自分も直冬の下に参上しようと思っているので、早速馳せ参じることを求める軍勢催促状を発給していることがある。

御所（足利直冬）御帰府の由、その聞えあるに依り、参上を企てるところなり、時日を廻《めぐ》らさず、当所に馳せ参ぜらるべきの状件のごとし、

観応三年十一月十八日　氏連（小俣）（花押）

安富民部丞（泰重）殿

（深江文書）

おそらく氏連は大宰府に馳せ参じ、浦城の合戦に参加したであろうが、直冬不利の戦況の中で、氏連の軍勢催促に応じて、泰重が大宰府に馳せ参じることはなかったであろう。しかし大宰府合戦後の針摺原《はりすりばる》（現福岡県筑紫野市）の合戦の際、武光方の軍勢の中に泰重の名が見える。

尾張義冬の浦城合戦参加

大隅・薩摩地方に派遣されていた尾張義冬も大宰府に帰還し、浦城合戦に参加していたらしく、次の感状を筑前国由比重富正雄に与えている。

浦城御後攻のため、当手に属し馳せ参ぜらるるの条、尤も以て神妙なり、急速に注

進せしむべきの状件のごとし、
観応四年正月廿五日　左馬助（尾張義冬）（花押）
由比重富次郎（正雄）四郎殿

筑前原田荘
筑前福井

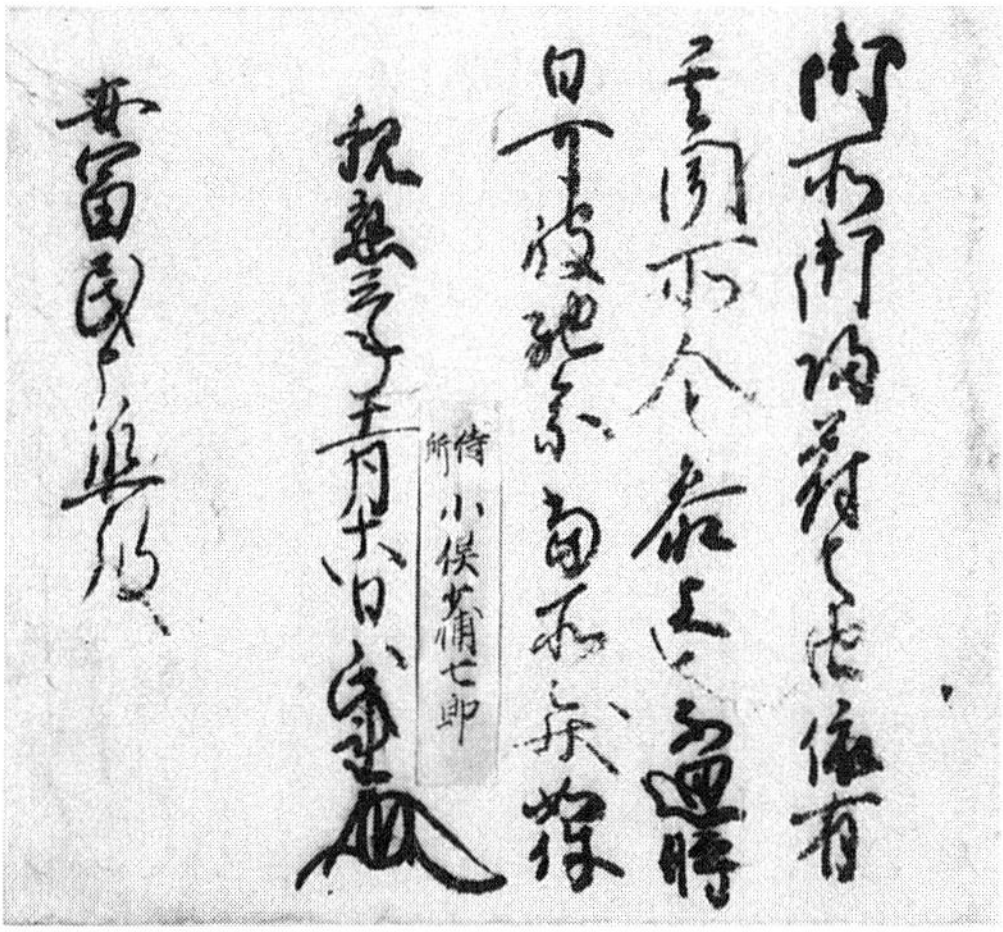
小俣氏連軍勢催促状（佐賀県立博物館所蔵「深江文書」）

（由比文書）

この大宰府での合戦の最中、頼尚は少弐頼貞を筑前国原田《はらだ》荘（現福岡県前原《まえばる》市）に配置しており、それに供奉《ぐぶ》して福井（現福岡県糸島郡二丈町）に発向した筑前国重富正雄・得永《とくなが》実種に対し、今後も忠節を抽んずれば恩賞のことを直冬に注進すると約束している。

凶徒襲来の由、その聞えあるに依り、筑後（少弐）小次郎頼貞を原田庄に差し置くの処、彼の手に属し、今に堪忍の上、福井に発向の時、打ち出さるる条、いよいよ忠感じ存ずるところなり、いよいよ忠

節を致され候はば、恩賞の事、注進すべく候、恐々謹言、

（観応三年）十一月廿七日　　　　（少弐）頼尚（花押）

（正雄）重富次郎四郎殿　　　　　　　　　　　　（由比文書）

大宰府における最後の攻防

九州各地に派遣されていた直冬の部将をすべて呼び戻しての、この大宰府における攻防は、直冬の九州在住三年余の道猷との最後の決戦となったものと思われる。

直冬は大宰府合戦に参加していたか否か

問題はこの十一月二十四日以後の大宰府の合戦が開始された時点で、直冬が大宰府にいたか否かということである。いたとすれば合戦の最中に脱出したということになり、開始される以前に脱出していたとすれば、大宰府合戦は道猷と頼尚との戦であったことになる。

少弐頼尚、菊池武光の援軍により危機を脱す

いずれにしても、『園太暦』に「少弐同じく菊池を相憑《たの》み、廿五・六日の間、彼輩一色を攻めて勝に乗る」とあるように、頼尚は菊池武光の援軍によって、一時浦城の包囲を解かれ、道猷軍を撃退することに成功したものと思われる。文和二年三月五日の島津師久《もろひさ》の請文に、「大宰府浦城の合戦難儀に就いて、御方の軍勢等面々城墎に引き帰り候の間、無勢たるによりその功成らず候」と述べているのが、この間の事情を示しているのかも知れない。

直冬、長門豊田城に移る

直冬の九州脱出の時期について記述したものとしては、直冬が十一月十二日の合戦に敗れ、しばらく長門国豊田城に隠れたとの『園太暦』の記事以外にはない。しかしこの記事は、京都にいた洞院公賢《とういんきんかた》が、九州から上洛してきた朝光朝臣《ともみつあそん》の青侍の話として、文和元年末から文和二年正月十日までに得た九州で起きた出来事の情報をまとめて書いたものと思われる。そこで、十一月十二日の合戦が椿・忠隈の合戦であったことも、その後大宰府で長期にわたって攻防戦が行われたこともまったく書かれていない。したがって『園太暦』の記事から、直冬の九州からの脱出を十一月十二日の合戦の直後と断定することはできないように思われる。

直冬九州脱出の時期

しかし直冬が長門の豊田城に移ったとの情報を、正月十日の時点で公賢が得ていたことは疑いないところであるので、当時の九州から京都まで情報が伝わる日時を考慮に入れるならば、おそくとも直冬の脱出の時期は、文和元年中には実行されていたことは間違いないと推定される。あるいは直冬は十二月十二日に石見国吉川経兼に対し、早く長門国に発向すべしとの軍勢催促状を発給しているので、直冬の長門国への転進の時期はこの頃ではなかったかと思われる。

武田兵庫助氏信以下の凶徒誅伐の事、芸州(安芸国)に馳せ越し、軍忠を致すの条、殊に以て

神妙なり、早く長門国に発向し、重ねて戦功を励まば、殊の忠たるべきの状件のごとし、

（観応三年）十二月十二日　（足利直冬）（花押）

吉河（経兼）次郎三郎殿

（吉川家文書）

この推定が正しければ、まさに大宰府での攻防戦の最中での脱出ということになる。

九州脱出の理由

直冬の中国への移動は、かねてから予定されていたことで、敗退したための脱出ではなく、転進と評価すべきであるとの説がある。確かに直冬が将来の上洛に備えて、着々と中国地方への工作を続けていたことは事実である。しかし直冬からすれば予定の転進であったとしても、これまで直冬の下に馳せ参じ、道猷・征西将軍宮方と死力を尽《つく》して戦って来た九州在地国人の立場からすれば、直冬の行動は大将自らそれまでの部下を見捨てての敵前逃亡以外の何物でもない。

直冬の敵前逃亡

しかも直冬の場合、備後《びんご》国鞆《とも》から九州への下向の時と、九州脱出の時と二度も部下を置き去りにして、敵前逃亡したことになる。たとえどのような理由があったとしても、部下を置き去りにして、敵前より逃亡した武将を名将と称することはできないであろう。

しかし部下に対しては、敵前逃亡は打首《うちくび》との厳しい軍律を課しながら、歴史上、大将自

らが敵前逃亡した例はそう珍らしいことではない。直冬の場合もその歴史上の一事例といえよう。

直冬与同国人の悲惨な運命

直冬に与同し、見捨てられた九州在地国人の前には、悲惨な運命が待ち受けていた。まず道猷は直冬の側近の部将たちの所領を没収して、その所領を味方に馳せ参じた国人たちに勲功賞として充行《あてが》っている。

直冬側近部将の所領没収

筑前国久原《くばら》村久原五郎跡・大穂《おおぶ》村大穂又五郎跡・嘉摩《かま》郡河崎村筑後守（少弐）頼尚跡等地頭職の事、御下文の旨に任せて、下地を宗像三郎氏俊に沙汰し付けらるべきの状、仰に依って執達件のごとし、

文和元年十一月廿二日　伊予権守（大高重成）（花押）

一色右京権大夫（直氏）殿

（宗像大社文書）

所領を没収された久原五郎・大穂又五郎はいずれも少弐頼尚の被官《ひかん》であり、給付された氏俊は宗像大宮司でありながら、兄氏正とともに道猷方として各地で転戦していた人物である。奉者の大高重成は室町幕府の引付頭人《ひきつけとうにん》である。

直冬与同者の所領没収

同様に所領を没収された者として、別表に示した国人たちがいる。

さらに道猷は、かつて直冬に与同していた肥前国綾部幸依に対し軍勢催促状を発給し、

所領を没収された直冬与同の九州国人衆

被所領没収者	所領	現在地	被所領給付者
筑前国・久原五郎	筑前国久原村久原五郎跡	福岡県宗像市	筑前国・宗像氏俊
筑前国・大穂又五郎	筑前国大穂村大穂又五郎跡	〃	〃
武藤大和権守	肥後国天草志岐浦地頭職	熊本県天草郡苓北町	肥前国・松浦斑島納
薩摩国・島津忠茂	肥前国松浦荘内早湊村地頭職	佐賀県東松浦郡	薩摩国・島津師久
豊前国・中元寺二郎左衛門尉	筑前国宗像荘内曲村・赤間荘内田久村田地等地頭職	福岡県宗像市	筑前国・宗像社
豊後国・戸次朝直	豊後国里家名	大分県別府市	豊後国・竹田詮之
〃	豊後国日出荘	大分県速見郡日出町	豊後国・田原貞広
〃	豊後国大神藤原荘	〃	豊後国・田原正曇
豊後国・戸次頼時	豊後国阿南荘光一松名	大分市・大分郡挾間町・庄内町	〃
〃	豊後国田原別府内波多方名	大分県西国東郡大田村	〃
饗庭弾正左衛門入道	豊前国苅田荘	福岡県京都郡苅田町	〃
〃	豊前国吉田村	福岡県北九州市小倉南区	〃
薩摩国・二階堂行珍	豊後国国東郷	大分県東国東郡国東町	豊後国・田原貞広

直冬与同者の離反

彼らは道猷のため軍忠を抽んじている。しかしこれは、まさにたまたま史料が残存したことによってわかる氷山の一角であり、これと同様の行動をした者は、決して少なくなかったと思われる。

少弐頼尚の去就

道猷との死闘

　しかし道猷を裏切り、直冬に与同した頼尚としては、直冬が九州から脱出した後も、道猷に降伏するという選択肢はなかった。そこで頼尚は大宰府の浦城に立て籠り、道猷の軍勢と死闘を続けることになった。包囲された頼尚は苦境に追い込まれつつあった。

直冬と菊池氏の接近

菊池武光像

そこで窮余の策として、菊池武光に援軍を求めた。『園太暦』は、長門に逃れた直冬はひそかに菊池に通じ、頼尚も菊池を憑むことになったと述べている。

武光の思惑

武光の頼尚救出

　一方、援軍を依頼された武光としては、直冬なき後、頼尚の勢力を温存させた方が道猷を撃滅するという最終目的を達成するためには得策であると判断した。武光は城・赤星・城野・鹿子木《かのこぎ》以下の大軍を率いて包囲されていた頼尚を救出した。

危機を脱した頼尚は喜びの余り、武光に対し「今ヨリ後子孫七代ニ至マデ、菊池ノ人々ニ向テ弓ヲ引矢ヲ放《はなつ》事不レ可レ有《あるべからず》」と熊野の牛王宝印《ごおうほういん》の料紙の裏に血書の起請文《きしょうもん》を書いて渡したと『太平記』は記している。

頼尚の背信

しかし子孫七代はおろか頼尚本人が、六年後の正平十四年・延文《えんぶん》四年（一三五九）八月、武光と筑後国大保原《おおほばる》（現福岡県小郡《おごおり》市）の合戦、いわゆる筑後川の戦で死闘を演じたことは有名なことである。『太平記』は頼尚の背信行為を「今無レ情心替リシタル処ノウタテシサヲ、且《かつう》ハ訴二天一、且ハ為レ令レ知二人一《ひとにしらしめんがため》也ケリ」と嘆いている。

筑前針摺原の合戦

そして包囲を解かれた頼尚・武光の連合軍と道猷の軍勢は、大宰府郊外の針摺原で激突し、道猷軍を敗走させた。この合戦で武光方として筑後国草野永行・肥前国安富泰重が軍忠を抽んじており、道猷方としては肥後国平河貞家・肥前国綾部幸依・豊後国田原貞広・子息氏貞・豊前国西郷有政らが軍忠を抽んじており、特に貞広・氏貞父子は討死している。

針摺原合戦敗戦後の道猷の去就

この合戦後、道猷は筑前国の拠点を失い、肥前国に退き、直氏も肥前綾部城（現佐賀県三養基《みやき》郡みやき町）に入っている。道猷の針摺原での敗戦が及ぼした影響は大きく、薩摩

道猷敗戦の影響

国・日向国における征西将軍宮方の勢力が強くなり、島津氏久、畠山直顕との抗争も激

化することとなった。氏久は早急にしかるべき大将を差し遣わされることが凶徒退治のために必要であると幕府に訴えている。

第六　中国地方への転進

一　南朝帰順

長門豊田城の由来

直冬は九州より脱出し、長門《ながと》国豊田《とよだ》城に入った。豊田城とは当時周防《すおう》の大内氏、長門の厚東《ことう》氏とならんで防長の三名族と称されていた豊田氏の居城のことである。豊田氏の居城には現在の山口県下関市豊田町一ノ瀬にあった山城一ノ瀬城と、同じ一ノ瀬の広畠《ひろはた》に設けられていた豊田氏の館とがあった。一ノ瀬城は豊田城、松尾山城、長谷山《はせやま》城とも称されており、標高一八六メートルの山上に構築されていた。

豊田館

一方豊田館はその山麓にあり、平時はこの館に居住していたが、三方を山に囲まれ、南方の入口の前に川が流れており、堅固な要害の地に建てられていた。直冬がどちらに入ったのかはわからないが、多分この豊田館ではなかったかと思われる。

長門豊田氏の家柄

豊田氏は平安時代中頃この地方に土着した藤原道隆《みちたか》の子孫と伝えられ、豊田郡の地名

筑前宗像城合戦

豊前小倉城合戦

南朝方大内氏の支援

に因《ちな》んで豊田氏を名乗り、代々豊田大領《たいりょう》を世襲したとされる家柄である。

大内氏・豊田氏が南朝方に属していたのに対し、厚東氏は北朝方に属していた。したがって同じ長門国にあって、厚東氏と豊田氏とは対立抗争を繰り返していた。観応《かんのう》二年（一三五一）八月三日の一色道猷《いっしきどうゆう》の筑前国宗像《むなかた》城攻めには、厚東武直が長門国豊浦郡員光《かずみつ》村光富《とみ》（現山口県下関市）を本拠とする小野三郎左衛門宗像資村《すけむら》を伴って馳せ参じており、十一月五日夜の小倉《こくら》城（現福岡県北九州市小倉南区）の合戦で軍忠を抽《ぬき》んじ、同十三日長門国府中に発向の時、光富に立て籠っていた豊田種本《たねもと》を打ち取っている。

豊田城

豊田氏の当主は種長《たねなが》であったが、直冬が豊田城に入る直前の観応三年十月十八日に死亡しており、当主は種藤《たねふじ》に代っていた。直冬の豊田城入りについては、南朝方の大内弘世《ひろよ》、種藤の支援があった。彼らはこれまで道猷と対決し、征西将軍宮《せいせいしょうぐんのみや》方に対し協調的態度を見せ始めた直冬を奉じて、厚東氏をはじめとする北朝支持勢力との抗争を有利に展開しようとの思惑があったものと思われる。そのためには弘世・種藤等の南朝支持勢力にとって、直冬の南朝帰順が直冬支援の条件であったと思われる。

石見内田致世への軍勢催促

そして石見《いわみ》国内田致世《ともよ》に対し、次の軍勢催促状を発給している。

凶徒退治のため、すでに長門国豊田郡に着せしむるところなり、急ぎ馳せ参ずべきの状件のごとし、

三月六日　判（足利直冬）

内田（致世）左衛門三郎殿

（永田秘録所収内田家文書）

義詮の感状

しかし致世は義詮《よしあきら》からも次の感状《かんじょう》を受けている。

石見国の凶徒退治の事、忠節を致し疵《きず》をこうむるの由、吉見《よしみ》三河三郎範直《のりなお》注し申すところなり、尤《もっと》も以て神妙、いよいよ戦功を抽んずべきの状件のごとし、

文和二年四月廿二日　（足利義詮）（花押）

内田（致世）左衛門三郎殿

（俣賀文書）

直冬の前途多難

九州における場合と同様に、直冬にとって中国地方の浮動的勢力に対する工作は、前途多難を思わせるものがある。

南朝方への帰順

『園太暦《えんたいりやく》』は、直冬は九州よりの脱出前に、ひそかに菊池武光《きくちたけみつ》に通じており、それを受けて少弐頼尚《しょうによりひさ》も武光の援軍を求めたものと記述している。さらに長門に逃れてから、早速使者を吉良満貞《きらみつさだ》・石塔頼房《いしどうよりふさ》の所に送り、南朝方への帰順の斡旋《あっせん》を依頼したところ、すぐに許されて、後村上天皇の綸旨《りんじ》が下されたとあり、直冬が南朝方と合体したとの噂は本当らしいと述べている。

直冬の活路の模索

『園太暦』文和《ぶんな》二年（一三五三）九月一一日の記事によれば、去年の九月頃から直冬が南朝から綸旨を賜って、総追捕使《そうついぶし》に任じられたとの噂があったことを伝えている。この頃直冬は戦況不利のため、征西将軍宮との協調復活により、活路を模索していたであろうことは予想される。

『太平記』にも「直冬潜《ひそか》ニ使ヲ吉野殿へ進《まいら》セテ、『尊氏卿《たかうじ》・義詮朝臣《あそん》以下ノ逆徒ヲ可㆓退治㆒由ノ綸旨ヲ下給《くだしたまわり》テ、宸襟《しんきん》ヲ休メ奉《たてまつ》ルベシ』トゾ申サレケル。伝奏洞院右大将《てんそうとういんうだいしょう》頻《しきり》ニ被㆓執申㆒ケレバ、再往ノ御沙汰迄《まで》モナク直冬ガ任㆓申請㆒、即綸旨ヲゾ被㆑成ケル」と記している。

直冬南朝帰順の時期

しかしこれらはいずれも伝聞によるものであり、直冬の南朝方帰順がいつ認められたかについての正確な期日はわからない。そのことを探る手懸りとして、この頃直冬が発

直冬発給文書の年号

給した文書に使用されている年号がある。直冬は九月二十七日に観応から文和に改元された後も、観応三年の年号を用い続けていた。そのことは直冬のみならず、その部将、与同の輩においても同様である。尾張義冬《おわりよしふゆ》に至っては、観応四年正月二十五日付の文書を発給している程である。

直冬の無年号文書の発給

残存している文書で、直冬が観応年号を用いている最後の文書は、石見国の周布兼成《すふかねなり》宛に発給した観応三年十月三十日の感状である。その後約半年間、直冬は文書を発給する場合、無年号文書を発給している。このことは九州における少弐頼尚の文書においても認められることである。

当城後措の事、この間夜を尽しての合戦の最中なり、凶徒若干討死手負か、早く庶子を相催し、明春正月十五日以前に馳せ参ぜしむべし、かつがつ安否この時にあり、もし遅々に及ばば、難義たるべきの状件のごとし、

（正平七年ヵ）十二月卅日　（足利直冬）（花押）

吉河二郎三郎殿（経兼）

（吉川家文書）

神武城警護已下連々忠節を致さるるの条、感悦候ところなり、その子細注進せしむべく候、恐々謹言、

(観応四年ヵ)卯月一日　　　(少弐)頼尚（花押）

(正雄)重富次郎四郎殿

（由比文書）

この二通はいずれも無年号文書であり、「正平《しょうへい》七年ヵ」の年号比定は、直冬の南朝帰順がすでに認められているとの観点からの校訂注であり、一方「観応四年ヵ」の年号比定は、この時点ではなお直冬の南朝帰順が許可されていないとの立場からの校訂注である。要は『園太暦』『太平記』の記事を事実と考えるか、単なる風説に過ぎないと見るかにかかっており、いずれが正しいか決定的証拠はない。

年号比定

しかし残存する直冬の文書で、南朝方の正平年号を用いた最初の文書は次の文書である。

直冬の正平年号使用の最初

長日大威徳法《だいいとくほう》を勤行《ごんぎょう》せしめ、天下の安全、当家繁栄の祈精を抽んずべきの状件のごとし、

正平八年五月十三日　　(足利直冬)（花押影）

松嶽山衆徒《まつたけざんしゅと》中

（防長寺社由来吉田宰判正法寺蔵）

これ以後、それまでの無年号文書は姿を消し、正平年号を用いることになっている。

南朝方帰順

このことから、直冬の南朝帰順にとって、正平八年五月が画期的なものであったことは

疑いない。直冬は前年九月頃から、南朝方帰順の動きを見せていたが、最終的に南朝方から帰順を認められたのは、正平八年五月であったと思われる。したがって南朝方の大内氏・豊田氏を頼っての九州より中国地方への転進も、一連の帰順への動きの中の一環として把握されるべきものと思われる。

直冬の南朝帰順の意図

『太平記』は、直冬が「但是モ将軍ニ敵スレバ、子トシテ父ヲ譴《せむ》ル咎《とが》アリ、天子ニ対スレバ臣トシテ君ヲ無《ないがしろに》シ奉《たてまつ》ル恐アリ、サラバ吉野殿へ奏聞《そうもん》ヲ経テ勅免《ちよくめん》ヲ蒙《こうむ》リ、宣旨《せんじ》ニ任《まかせ》テ都ヲ傾ケ、将軍ヲ攻奉ランハ、天ノ忿《いか》リ人ノ譏《そし》リモ有マジ」と思って南朝方に帰順したものと、直冬の心中を推《お》し量《はか》って記述しているが、尊氏から誅伐《ちゆうばつ》命令を受けている直冬が、父尊氏に対してそのような配慮をしていたとは思えない。近親憎悪の行き着くところ、尊氏・義詮打倒の怨念を晴らす一念による南朝帰順であったと思われる。

二　中国地方における活動

石見白上の合戦

豊田城に入った直冬は、かねてこのことがあることを予測して、大宰府《だざいふ》の本拠から中国地方の国人に対する工作を続けていたが、日頃の成果が現れる時が来ることになった。直冬は石見国白上《しらがみ》（現島根県益田市《ますだ》）の合戦に軍功を抽んじた石見国益田兼見《ますだかねみ》に感状を与えている。また、出雲《いずも》国で軍功を抽んじた諏訪部助重《すわべすけしげ》、石見国豊田城（現島根県益田市）で軍功を抽んじた内田致世らに感状を与えている。

石見豊田城の合戦

朝敵義詮追討の綸旨

さらに後村上天皇より義詮追討の綸旨を賜ったと称し、軍勢催促状を発給している。

朝敵（足利）義詮追討の事、綸旨を下さるところなり、馳せ参じ軍忠を致さば、本領相違あるべからざるの状件のごとし、

正平八年六月廿三日　（足利直冬）（花押）

□（岩）田彦三郎（胤時）殿

（益田家文書）

直冬にとって、この義詮追討の綸旨を賜ったことは、軍勢催促する場合、絶大な効果をもたらしたものと思われる。その後同様の軍勢催促状を、出雲国諏訪部助重・諏訪部助直・紀伊《きい》国淡輪《たんのわ》助重らにも送っている。

直冬の部将

直冬には九州以来の部将椙原光房《すぎはらみつふさ》・仁科盛宗《にしなもりむね》・今川直貞《なおさだ》などが付き従っており、中国地方でも活動している。

備後《びんご》国栗原《くりはら》、歌嶋《うたしま》浦々、寺辺の殺生禁断の事、先例に任せて、固く警《いまし》め御沙汰ある

べく候なり、恐惶謹言、

「文和二年癸巳」三月廿三日　散位(相原)光房（花押）

進上　浄土寺長老侍者御中

（浄土寺文書）

相原光房

光房は九州においても、もっぱら寺社関係の所務沙汰に当っていたが、中国地方でもその職務を踏襲していたことがわかる。

出雲野老原合戦

石見国角井村《つのい》八町ならびに松武《まつたけ》名一町七段地頭職の事、勲功の地出雲国高良村《こうら》佐々木美多見《みたみ》彦三郎の跡の替として、早く先例を守り、沙汰致さるべきの状、仰せに依って執達件のごとし、

正平九年四月十三日　左近将監(仁科盛宗)（花押）

河原太郎右衛門尉殿

（益田家文書）

出雲国野老原《ところばら》の凶徒退治の事、今河刑部大輔直貞を差し遣わすところなり、早速発向せしめ、軍忠を致すべきの状件のごとし、

正平九年七月十九日　(足利直冬)（花押影）

須和部(諏訪)四郎五郎(来行)殿

（諸家文書纂所収三刀屋文書）

盛宗、直貞は、直冬が大宰府を本拠としていた頃から、中国地方で活動していたわけ

であるから、その継続であったといえよう。ただ使用年号が「観応」から「正平」に変わっているのが注目すべき点である。

反尊氏の武将

この頃中国地方で反尊氏・義詮勢として敵対行動をしていた有力武将に、山名《やまな》時氏《ときうじ》・嫡子《ちゃくし》山名師義《もろよし》・石塔頼房・吉良満貞・小笠原頼清《おがさわらよりきよ》・桃井直常《もものいなおつね》・土与田修理亮《とよだしゅりのすけ》・佐々木秀貞・与田《よだ》大和守・大内弘世らがいた。彼らが尊氏・義詮に敵対するようになった事情は様々であるが、その赴くところ南朝方に接近することになった。

直義派の残党

時氏・頼房・満貞・直常らは尊氏と直義《ただよし》が対立していた時、いずれも直義派として行動した者たちであり、直義が鎌倉で殺されてからは、尊氏・義詮から直義の残党と目されていた。

山名時氏像

山名時氏

その中心人物である時氏は、因幡《いなば》・丹波《たんば》国の守護職《しゅごしき》をはじめ、山陰地方に強固な支持基盤を有しており、丹後《たんご》・但馬《たじま》国の守護職を有していた嫡子の師義とともに出雲国で挙兵し、南朝方に帰順した。頼房・満貞・直常も直義の死後、

大内弘世

南朝方に帰順し、尊氏・義詮の軍勢と各地で抗争を繰り返していた。弘世は大内氏一族の北朝支持勢力を押えるためと、対立していた杉氏・厚東氏が北朝方であったので、その対抗上南朝方を支持することになった。そこでこれら南朝支持勢力は、南朝方に帰順した直冬を総大将に仰ぎ、尊氏・義詮と争うことになった。直冬が直義の養子として庇護《ひご》されていた人物であったことも、直義派の残党としては、総大将に仰ぐのにふさわしい人物として受け入れられたものと思われる。直冬はこれらの勢力の支援を受けて、着々と勢力を拡大し、上洛の機会を狙うことになった。

南朝支持勢力の総大将

直冬勢力の拡大

直冬上洛の噂

『園太暦』は文和二年二月三十日に「今日武家の雑掌《ざつしよう》元信《もとのぶ》来る、鎮西《ちんぜい》兵衛佐（足利直冬）勝に乗ず、以ての外の由、方々より飛脚《ひきやく》到来す、武家頗《すこぶ》る色を失うと云々」と記しており、尊氏らが直冬の勢力拡大の報にあわてている様子を伝えている。さらに同年三月二十四日の条に「或いは曰《いわ》く、鎮西以ての外に蜂起し、直冬の勢東漸《とうぜん》せんと欲す、備前の輩已《すで》に美《みま》作《さか》に入る、作州一円ことごとく彼方に帰すと云々、かれこれ如何《いかん》、官人景世《かげよ》来り談ず、申す旨大略同じ」と述べており、京都では直冬の上洛が近いとの噂が広がっていたことがわかる。しかし実際には、三月・四月の段階では、まだ直冬が豊田城を出て上洛の動

直冬の周防国府への移動

時氏、京都周辺に肉迫

京都周辺の状況

後光厳天皇の京都脱出

美濃国への下向

きを示した気配はない。『園太暦』五月十九日の条に、ようやく直冬が周防国府（現山口県防府市）に入ったと記している。

この頃、京都周辺の政治的、軍事的状況はめまぐるしく変化していた。五月頃、尊氏が鎌倉に下向し、京都を留守にしていた隙を狙って、山名時氏が山陰の軍勢を率いて京都周辺に迫り、その嫡子師義も因幡国・美作国で活動しており、さらに吉良満貞・石塔頼房の軍勢も八幡《やわた》（現京都府八幡市）に入った。当時の京都周辺の状況について『園太暦』には「近日、南方の軍士大略充満すと云々」と記されており、さらに直冬がまた京都に襲来するとか、山名氏と合体したとか、直冬が軍勢の中に密《ひそ》かに紛《まぎ》れ込んでいるなどの噂があることなどを記している。そして世の中物騒として、京都の人々が雑具を運び出すなど騒然とした状況を呈していたことがわかる。

そのような状況下、六月六日には、後光厳《ごこうごん》天皇が京都を脱出し、延暦寺《えんりやくじ》に逃れている。同九日には、義詮が楠木正儀《くすのきまさのり》・頼房・時氏との合戦に敗れ、近江《おうみ》国坂本（現滋賀県大津市）に逃れ、同十三日には、後光厳天皇を奉じて美濃《みの》国垂井《たるい》（現岐阜県不破郡垂井町）に落ち下った。『園太暦』同十日の条に、この攻撃に際し、時氏は直冬の命に従ったものであると称したと記している。

時氏等の京都退去

しかし義詮は早くも七月十日には、美濃を発して上洛を開始しており、同二十四日には、時氏・満貞・頼房らが京都から撤退したため、同二十六日には、義詮が代って入京するなど、激しい変化を見せている。そして九月二十一日、尊氏・義詮は後光厳天皇を奉じて入京した。

尊氏・義詮の入京

正平八年中は、直冬は周防国府にあって、備前・美作・石見・出雲など各国の諸豪族に工作を継続して、着々とその勢力を増大しつつも、なお上洛が実現するまでには至っていない。しかし『園太暦』文和二年九月三十日の条によれば、京都では直冬が後村上天皇の綸旨を賜り、惣追捕使に任じられたとの噂があるが、信用できないと記している。

直冬の寺社への寄進

その間、正平八年九月二十二日には、周防国興隆寺（現山口市）を祈願所にしており、同年十一月二十四日には、周防国阿弥陀寺（現山口県防府市）に備後国吉津《よしづ》荘（現広島県福山市）内木荘《きのしょう》を天下静謐《せいひつ》祈禱のため寄付し、正平九年三月二十六日には、周防国国分寺（現山口県防府市）に豊後国山香《やまが》荘（現大分県速見郡山香町）内日差《ひさし》村田北太郎跡を天下擾乱《じょうらん》の刻《とき》、軍陣で戦死した者の追善のため寄付しており、同年五月二日には、石見国岩田胤時《たねとき》の本領ならびに新恩地を安堵している。

南朝方与同の輩

この頃、中国地方の武士で「正平」年号を用いている者は、直冬に与同した者を含め

中国国人衆の与同状況

直冬方	長門国	豊田種藤
	周防国	金子孫六・曽我左近将監・平子氏重
	石見国	内田致世・仁万弥太郎・山名刑部少輔・佐波善四郎左衛門尉・岩田胤時・周布兼氏・周布兼成・三隅石見前司入道・三隅信性(兼連)・三隅直連・三隅重兼・吉川光経・吉川経兼・永安太郎左衛門尉・永安三郎・益田兼見・河原太郎右衛門尉
	出雲国	諏訪部助重・諏訪部来行・諏訪部重信・北島貞孝・土屋秀遠・松田秀貞・佐々木秀貞
	安芸国	毛利弥次郎・毛利元春・毛利親衡・吉川経連・吉川又三郎・吉川三郎左衛門尉・児玉益行
	備後国	杉原光房・波佐竹四郎次郎・山内道継・山内又五郎・小文十郎・広沢道実・上杉修理亮
	美作国	三宅盛久・真木嶋光経
	播磨国	大浜彦左衛門尉入道
尊氏・義詮方	長門国	厚東武直・小野資村
	周防国	杉貞弘・大内民部大夫・内藤藤時・内藤盛清
	石見国	吉見範直・俣賀兵庫助・益田兼見・内田致世・君谷実祐・久利赤波重房・久利次郎左衛門尉・土屋備前守・高山行家・井尻八郎太郎・小笠原左近将監・福光又太郎入道
	出雲国	諏訪部信恵・朝山義景・朝山貞景・朝山義元・佐々木美多見彦三郎
	安芸国	内藤教泰・吉川実経・小早川貞平・小早川実義・小早川氏平・小早川惟平・小早川春平・小早川重景・金子信泰・阿曽沼光郷・熊谷八郎左衛門尉
	備後国	三吉覚弁・三吉秀経・岩松頼宥・細川頼有(守護)・山内通氏・山内通忠
	備中国	秋庭新左衛門
	美作国	渋谷小四郎入道
	淡路国	船越定春・船越秀定
	播磨国	赤松貞範・後藤基景・安積盛兼・小串光行

て南朝方の支持勢力と認定される。そのような者は先述の主要部将以外にも以下の名前が確認される。それらの者を国別に分類して示せば別表の通りである。

北朝方与同の輩

これに対し北朝方は、尊氏・義詮が直接軍勢催促・所領安堵・感状を発給しており、そのほか佐々木導誉《どうよ》・赤松則祐《のりすけ》・石橋和義《かずよし》・細川氏春《うじはる》・荒川詮頼《あきより》・武田信武《のぶたけ》・武田氏信《うじのぶ》などの部将が活躍している。その発給文書には、「文和」年号を用いている。北朝方に与同していたと見られる者についても国別に分類して別表に併せて示した通りである。

南北両勢力の攻防

各国に両勢力が共存していたが、特に石見国では、両勢力が激しい攻防を繰り広げていたことがわかる。そのような状況下、内田致世・益田兼見のように、両方より感状を受けている者もいた。そのような抗争の間隙《かんげき》を縫って、直冬は正平八年末頃までには、周防国から石見国に移動している。

直冬の石見国への移動

第七　上洛と没落

一　京都入京

直冬と義詮の合戦の回避

文和《ぶんな》二年（一三五三）十一月十八日の一色範光《いっしきのりみつ》が島津道鑑《どうかん》に送った書状によれば、はじめは義詮《よしあきら》が中国・西国退治のため下向《げこう》する予定であったが、それでは直冬と義詮との兄弟の争いになり、人々が困るであろうということになり、尊氏《たかうじ》自身が退治のため下向することになったと伝えている。

尊氏、直冬降伏の申出を拒否説

さらに中国にあった直冬は、尊氏に降参したいと申し出たが、尊氏が許可しなかったとも伝えている。しかし直冬はすでに五月には南朝方に帰順し、実際に南朝方として活動しているのであるから、直冬が尊氏に降参を申し出たが、許されなかったというのは、範光の道鑑に対する情報操作の感が強い。

尊氏の下向計画

尊氏は中国および鎮西《ちんぜい》の討伐のため、自ら下向することを島津氏にも伝えている。さらに石見《いわみ》国の内田致世《ともよ》にも尊氏の下向が伝えられている。

中国の凶徒退治のため、将軍家《（足利尊氏）》御下向あるところなり、早く用意を致し馳《は》せ参じ、
戦功を抽《ぬき》んずべきの状件のごとし、
文和三年二月廿二日　遠江守《（荒川詮頼）》（花押）
内田左衛門三郎殿《（致世）》
（保賀文書）

南朝方勢力拡大への危機感

しかし尊氏の中国・鎮西下向が実現することはなかった。ただ尊氏が一度はこのような決意を示したことは、中国・鎮西における南朝方の勢力拡大に危機感を持っていたことがわかる。

直冬の石見国進発

それに対し直冬は、いよいよ正平《しょうへい》九年（一三五四）五月二十一日、吉川経兼《きつかわつねかね》らを従えて石見を発して、上洛《じょうらく》の途につくことになった。同二十二日、前伊予守某が出雲《いずも》国諏訪部《すわべ》助重《すけしげ》に一族を催し、味方に参り、軍忠を致すべしとの軍勢催促状を発給しているが、さらに沙弥実照《じつしょう》は助重に対し、来る二十六日に直冬の出迎えに来るよう一族に触れられることを依頼している。

直冬と山名師義との連携

六月一日には、山名師義《やまなもろよし》も助重に対し、一族ならびに同心の輩を催し、直冬の味方として馳せ参じ、戦功を抽んずべしとの軍勢催促状を発給しており、直冬と師義が連携し

て上洛への行動を起していたことがわかる。直冬の下には、石見三隅《みすみ》城主三隅信性《しんしょう》（兼連）・飯嶋四郎三郎らも従っている。

石見温泉郷の合戦

ところが正平九年六月日の吉川経兼の軍忠状によれば、出発直後の五月二十七日、荒川頼直《よりなお》ならびに小笠原左近将監《おがさわらさこんのしょうげん》以下の凶徒が、石見国湯泉郷《ゆのごう》（現島根県邇摩《にま》郡湯泉津《ゆのつ》町）の切所《きりどころ》に城郭を構え、進路を塞いだので、経兼は殿軍《しんがり》として、襲来する敵と在々所々で終日合戦することになったとある。この軍忠状には、直冬の側近の仁科盛宗《にしなもりむね》が証判を与えている。このように早速石見国の北朝方の勢力が、直冬の上洛を阻止する行動に出ていることがわかる。これによっても直冬の上洛には多くの困難が待ち構えていたことがわかり、前途多難を思わせるものがある。

北朝方による直冬の上洛阻止

出雲野老原の合戦に今川直貞を派遣

そこで同年七月十九日、直冬は出雲国野老原《ところばら》（現島根県出雲市）の凶徒退治のため、今川直貞《なおさだ》を差し遣《つか》わすことを諏訪部来行《らいぎょう》に伝え、軍忠を致すことを求める軍勢催促状を発給しているが、来行は同合戦で戦功を抽んじたらしく、同年十一月四日に、直冬は感状《かんじょう》を与えている。また正平九年八月十一日、直冬は伊達真信《だてさねのぶ》の但馬《たじま》国における忠節に対し感状を与えており、同八月十三日には、経兼に対し石見国西方の凶徒退治を命じている。このような直冬の動きに対し、義詮は同八月二十日に、中国の凶徒退治のため発向することを細川頼有《よりあり》に伝えている。

そして再び直冬は、九月十四日に上洛する旨の軍勢催促状を発給している。

上洛の事、来る十四日たるべし、急速に馳せ参ずべきの状件のごとし

正平九年九月二日　(足利直冬)(花押)

吉河次郎三郎(経兼)殿

(吉川家文書)

再び直冬の上洛開始

結局、最初に直冬が五月二十一日に上洛の命令を出してから、約四ヵ月間、石見国に足止めにされていたことになる。直冬は同年九月十日には、出雲国北島貞孝に、出雲国での忠節に対し感状を与えている。

直冬支持勢力の上洛への動き

この直冬の上洛の動きに対し、石塔頼房《いしどうよりふさ》は同十月十一日、伊達真信に対し、丹波《たんば》国を発向することを伝え、但馬《たじま》国養父《やぶ》郡宿南《しゅくなみ》陣(現兵庫県養父市八鹿《ようか》町)へ馳せ参じることを求めている。また山名時氏も、同十月二十六日の伊達貞綱宛の書状の中で、上洛のため来月九日に必ず但馬国を出発する旨を伝えており、頼房・時氏をはじめ、中国地方の直冬を総大将と仰いだ勢力が、一斉に上洛のための活動を開始していることがわかる。

但馬宿南陣

義詮の出陣、戦勝祈願

直冬東上の情報が次々と京都に達する中、義詮は京都より出陣し、これを途上で迎え撃つことになった。出征に当り、文和三年十月十五日、東寺《とうじ》八幡宮(京都府京都市南区)に

播磨弘山八幡に着陣

直冬の進軍

但馬大屋荘の合戦

尊氏、後光厳天皇を奉じて近江武佐寺に脱出

播磨鵤の宿

丹波佐野城

戦勝を祈願し、凶徒を退治し、無事帰洛したならば、神領一所を寄付する旨を立願している。そして同十八日佐々木導誉《どうよ》・赤松則祐《のりすけ》以下の大軍を率いて京都を出発し、播磨《はりま》国に至り、弘山《ひろやま》八幡（現兵庫県揖保《いぼ》郡太子町）に着陣した。

それに対し、中国道より直冬、山陰道より山名時氏が軍を進めて来た。また石塔頼房の部下湯浅次郎左衛門尉らが但馬国大屋《おおや》荘（現兵庫県養父市大屋町）に立て籠っていたところ、義詮は軍勢を派遣し、十一月二十七日・二十八日の両日合戦し、城郭を追い落とし、在家を焼き払っている。

このような合戦を展開しながら、直冬は時氏・頼房・桃井直常《もものいなおつね》以下の軍勢を率いて京都に迫った。戦況不利と判断した尊氏は、十二月二十四日、後光厳《ごこうごん》天皇を奉じて近江国武佐寺《むさじ》（現滋賀県近江八幡市）に脱出した。この間の状況について、『太平記』は、

> 南方ニ再往ノ評定《ひょうじょう》有テ、足利右兵衛佐直冬ヲ大将トシテ京都ヲ可レ攻由、綸旨《りんじ》ヲ被レ成ケレバ、山名伊豆守時氏・子息右衛門佐師氏、五千余騎ノ勢ヲ卒シテ、文和三年十二月十三日伯耆《ほうき》国ヲ立給フ。山陰道悉《ことごとく》順《したがい》付テ兵七千騎ニ及ビシカバ、但馬国ヨリ杉原越ニ播磨へ打テ出、先宰相《さいしょう》中将義詮ノ鵤《いかるが》ノ宿ニヲハスルヲヤ打散ス、又直《すぐ》ニ丹波へ懸テ、仁木《にき》左京大夫《さきょうたいふ》頼章《よりあき》ガ佐野ノ城ニ楯籠テ、我等ヲ支ヘントスル

天下ノ口遊

直冬、山城大江山を越える

尊氏の京都脱出

ヲヤ打落スト、評定シケル処へ、越中ノ桃井播磨守直常・越前修理大夫《しゅりのたいふ》高経《たかつね》ノ許《もと》ヨリ飛脚《ひきゃく》同時ニ到来シテ、只急ギ京都へ攻上ラレ候へ。北国ノ勢ヲ引テ、同時ニ可二攻上一由ヲ牒《ちょう》セラレケル間、サラバ夜ヲ日ニ継デ上ントテ、山名父子七千六百余騎、前後十里ニ支テ丹波国ヲ打通ルニ、仁木左京大夫頼章当国ノ守護《しゅご》トシテ敵ヲ支ン為ニ在国シタル上、今ハ将軍ノ執事《しつじ》トシテ勢ヒ人ニ超タレバ、丹波国ニテ定テ火ヲ散ス程ノ合戦五度モ十度モアランズラント覚へケルニ、敵ノ勇鋭ヲ見テ戦テハ中々叶ハジトヤ思ヒケン、遂ニ矢ノ一ヲモ不二射懸《いかけず》一シテ城ノ麓ヲノサ〳〵ト通シケレバ、敵ノ嘲《あざけ》ルノミナラズ天下ノ口遊《くちずさみ》トゾ成ニケル。都ニ有トアル程ノ兵ヲバ義詮朝臣《あそん》ニ付テ播磨へ被レ下、遠国ノ勢ハ未上ラズ。将軍僅ナル小勢ニテ京中ノ合戦ハ中々悪カリヌト、思慮旁《かたがた》深カリケレバ、直冬已《すで》ニ大江山《おいのやま》ヲ超ルト聞へシカバ、正月十二日ノ暮程ニ、将軍主上ヲ取奉テ江州武佐寺へ落給フ。

と記述している。その内容はほぼ史実と合致しているが、尊氏が京都を脱出したのは正月十二日ではなく、十二月二十四日である。この記述によれば、義詮が大軍を率いて播磨国に向かい、鵤の宿（現兵庫県揖保郡太子町）に在陣していた時、手薄となっていた京都を急襲されたため、尊氏は京都を脱出することになったとある。直冬は山城国と丹波国の国境にある山城国乙訓《おとくに》郡大江沓掛《くつかけ》の峠（現京都市西京区）から進撃して来たことがわかる。

桃井直常らの入京

そして正平十年・文和四年（一三五五）正月十六日、まず桃井直常・同直信・越前国守護斯波《しば》高経の子息氏頼らが入京した。この時直冬はなお丹波国にあったので、直常は独力では洛中を支配できないとして、直冬の入京を催促している。

尊氏、京都奪回を目指す

一方武佐寺にいた尊氏の下にも、軍勢が馳せ参じて来たので、正月二十日に武佐寺を発し勢多《せた》橋（現滋賀県大津市）を渡り京都を目指し軍を進めた。これに対し直冬も正月二十

直冬の入京

二日、山名時氏・石塔頼房以下の中国地方の軍勢を率いて入京し、大極殿《だいごくでん》の跡付近（現京都市上京区）に陣した。『園太暦』同正月二十二日の条に「その勢数千騎」と記されている。

直冬の京都の宿所

その後直冬は二十三日には河原に陣を移し、さらに四条京極《きょうごく》（現京都市中央区）念仏堂に入り、二十四日には錦小路《にしきこうじ》京極（現京都市中京区）の中条《なかじょう》氏の館を宿所にしている。思えば直冬にとって京都の土地を踏むのは、かつて貞和《じょうわ》五年（一三四九）四月十一日、そぼ降

五年八ヵ月ぶりの入京

る雨の中を長門《ながと》探題《たんだい》として出発して以来、実に五年八ヵ月ぶりのことであった。その間直冬は合戦に明け暮れ、一日として心の安まる日はなかったであろう。そこにはかつての仇敵高師直《こうのもろなお》・師泰《もろやす》兄弟の姿はなく、また自分を庇護《ひご》し続けてくれた養父直義《ただよし》もいな

北野社
相国寺
一条大路
大内裏
(大極殿)
土御門大路
東朱雀大路
鴨川
近衛大路
中御門大路
大炊御門大路
二条大路
三条大路
青蓮院
知恩院
大宮
猪熊
錦小路
四条大路
八坂神社
建仁寺
五条大路
六波羅蜜寺
六条大路
清水寺
西七条
七条東洞院
七条大路
蓮華王院
八条大路
東寺
戒光寺
九条大路
東福寺
道祖大路
西大宮大路
皇嘉門大路
朱雀大路
大宮大路
西洞院大路
東洞院大路
東京極大路

京都市街図

い。

尊氏・義詮との対決

入京した直冬は時の移ろいの早さと、世の無常なることに対する感慨に耽《ふけ》ったことであろう。しかし直冬にとって、この五年八ヵ月は決して短い日時ではなく、苦難の日々であったはずである。いつまでも感慨に耽っていることは許されなかった。かつて自分の誅伐を九州の諸豪族に執拗《しつよう》に命じた尊氏・義詮との生死をかけた対決が残されていた。それに勝利を得ることができれば、多年のコンプレックスも苦労もすべて霧散することになる。直冬は積年の怨みをこめて尊氏・義詮と対決しようとしていた。

直冬の感慨

しかし、入京した直冬の前には尊氏・義詮の姿はなかった。『太平記』には、入京した直冬の感慨について次のように記述している。

直冬朝臣此七八箇年、依㆓継母讒《ざん》㆒那辺這辺《かなたこなた》漂泊シ給ツルガ、多年ノ蟄懐《ちつかい》一時ニ開ケテ今天下ノ武士ニ仰レ給ヘバ、只年ニ再ビ花サク木ノ、ハ未㆑知、春風三月、一城ノ人皆狂スルニ不㆑異。

直冬の和歌二首

三宝院《さんぼういん》所蔵の「雑日記」には、入京当時直冬が詠《よ》んだ和歌として次の二首が収められている。

コンヤタ、、我世ニイツル月ナラバ、

クモラヌ名コソアラマホシケレ
　クワンカウト、ナクヤ吉野ノ山カラス
　　カシラモ白面白ノ子ヤ

直冬としては、入京を果せたことは夢ではないかとの思いがあったであろうし、夢ならさめてもらいたくないとの気持が歌に込められているように思われる。

二　尊氏・義詮との対決

尊氏、比叡山に陣す

これに対し、近江国武佐寺を進発した尊氏は、正月二十一日に松本（現滋賀県大津市）、同二十二日には東坂本（現滋賀県大津市）へと軍を進め、叡山衆徒《えいざんしゅと》の協力により、同二十九日には陣を比叡山（現京都市左京区）に移している。また直冬らが入京したとの情報を得た

義詮、摂津宿河原に陣を移す

義詮は、京都に軍勢を返すため、同二十四日、播磨国弘山の陣を撤収し、摂津国宿河原《しゅくがわら》（現大阪府茨木市）に陣を移した。

直冬、東寺実相院に入る

一方直冬は、同二十五日、東寺実相《じっそう》院（現京都市南区）に入り、以降ここを京都での宿所としている。南朝方の楠《くすの》木《き》正儀《まさのり》は男山《おとこやま》（現京都府八幡市）、山名時氏は西山（現京都府八幡

市）に布陣し、仁木頼章らの来襲に備えた。

直冬の挙兵の大義名分

この間、直冬は同二十九日、天神地祇《てんじんちぎ》に対して所願成就を祈り、その中で挙兵の理由を述べている。

天下擾乱《じょうらん》、民間無聊《ぶりょう》、或いは神社仏事、軍士のために顚懸《てんけん》せられ、或いは君臣上下、凶類のために愁鬱《しゅううつ》を抱く、この時義兵を揚げて、万人の塗炭《とたん》を救わむこと、豈冥慮《あにめいりょ》に背かんか、ここによって、九州より数か国を経歴して、山陰に移り、山陰より洛陽《らくよう》に入る、これしかしながら神明仏陀《しんめいぶつだ》の擁護かつがつ顕れ、朝祈夕賽の願望すでに満つるかと、いよいよ信伏の志切なり、ここにおいて厳親将府敵陣に坐す、これに対して、一歩を進めんこと冥顕測りがたし、心肝砕くがごとし、しかれば則ちただ彼の左右前後の梟党《きゅうとう》を治罰せんがためなり、全く逆徳を思て、我がために義旗を揚げず。

と述べ、和歌一首を添えている。

直冬の和歌

時のまの命もよしや法のため
世のためならぬわが身なりせば　（東寺蔵『南狩遺文』）

尊氏の君側の奸を除くための挙兵

この中で直冬は、挙兵は永年の争乱に苦しんでいる人々を救うためであり、さらに尊氏・義詮に対決するのは、その君側《くんそく》の奸《かん》を除くためであり、私利私欲のため挙兵したのではないことを強調している。しかしかつて直冬は「両殿の御意を息《やす》め奉《たてまつ》らんがため、打ち立つところなり」と称していたのに対し、尊氏は「兵衛佐《ひょうえのすけ》が事、すでにふけうのとがのがれがたく候、そのうへゐんぼうのくわだておどろきおぼして候、いそぎ一ぞくぶん国のぐんぜいもよをして、じこくをめぐらさずうちてまいらすべし」「誅伐《ちゅうばつ》すべし」と揚言《ようげん》していた人物である。

人々の反感を避けるための方便

そのことを一番よく知っていたのは直冬本人であったはずである。両者の間に肉親としての感情の片鱗もなかったと思われる。にもかかわらず、直冬が尊氏の君側の奸を除くことを挙兵の大義名分にしているのは、親に弓を引くことに対する人々の反感を避けるための方便であったと思われる。

義詮、直冬の退治近日たるべしと報ず

義詮は豊後国田原氏能に京都周辺の状況を知らせている。

直冬・時氏(山名)・直常(桃井)已下の凶徒、京都に乱入するの間、将軍(足利尊氏)家已に御上洛、陣を山門《さんもん》(延暦寺)に召されおわんぬ、当方又攻め上り候間、退治近日たるべし、その堺の事、忠節を致すべきの状件のごとし、

文和四年正月卅日 (足利義詮)(花押)

豊前徳増丸（田原氏能）　　（入江文書）

これまで尊氏・義詮と直冬とは直接干戈《かんか》を交えることはなかった。しかし両者対決の戦機は次第に熟しつつあった。

摂津神南の合戦

二月六日、義詮・佐々木導誉・赤松則祐・細川頼之以下の軍勢と山名時氏・山名師義・吉良満貞・石塔頼房・楠木正儀以下の軍勢とが摂津国神南《こうない》（現大阪府高槻市）付近で激戦を展開している。この合戦のことを残存している軍忠状等の中では、芥河《あくたがわ》合戦（現大阪府高槻市）、神無山合戦、山崎合戦（現大阪府三島《みしま》郡島本町）、河内山南尾合戦（現大阪府高槻市）、桜《さくら》井《い》山合戦（現大阪府三島郡島本町）などと称されており、神南を中心に広い範囲で両軍が合戦を展開していたことがわかる。

足利義詮像（宝篋院所蔵）

去ぬる年最前に播州に馳せ参じ、去ぬる二月六日、神無山において戦功を抽んじ、上洛にいたるまで、御手に属せしむるの条、殊《こと》に以て神妙、いよいよ忠節を致すべきの

（小早川家証文）

状件のごとし、

文和四年卯月廿三日　（足利義詮）（花押影）

小早河出雲（重景）四郎左衛門尉殿

義詮方の勝利

近江大津・松本

直冬、尊氏との対決を意図す

山名時氏ら神南合戦で敗る

神南合戦は義詮方が勝利を得た合戦であったので、多くの同様な軍忠状が残っている。『太平記』にも、神南合戦について詳細な記述がなされているが、それによれば、直冬ははじめは大津・松本（現滋賀県大津市）に馳せ参じて合戦しようと意図していたが、その方面には山門・三井寺《みい》（現滋賀県大津市）の衆徒の中に、尊氏に味方をしている者が多いので、洛中で敵の攻撃を待ち受けることに変更し、直冬を大将として、東寺に本拠を置き、桃井直常・斯波高経・斯波氏経らの軍勢がこれを護衛することになったと記されている。直冬が最初大津方面に出陣しようとの意図を示したことは、父尊氏と直接決戦を挑む決意であったものと思われる。

一方、時氏・師義・師氏・満貞・頼房・正儀らの直冬方の主力は、義詮との合戦のため神南に向かったとある。『建武三年以来記』に「山名・楠木党多く以て命を殞《おと》す、相《しょう》公《こう》（足利義詮）羽《う》林《りん》方利を得るの間、山名以下淀に引き退く」とあるように、神南合戦は義詮方の勝利で終った。『太平記』にも山名軍の多くの戦死者名が記されており、師義・師氏も危

うく戦死するところであったと記されている。さらに、

南方ノ官軍共、跡ニ千余騎ニテ磬《ひかえ》タリケルガ、何ト云儀モナク、崩落テ引ケル間、矢種尽キ気疲レタル山名カ勢、心ハ猛ク思ヘ共不レ叶、心ナラズ御方ニ引立ラレテ、山崎ヲ差テ引退ク。

と山名方の敗戦の模様を記述している。

また義詮は、文和四年二月二十一日、今月六日の山崎合戦での勝利を豊後国田原正《しょう》曇《どん》にも報じている。

直冬方軍勢の崩壊

直冬の主力であった時氏以下の軍勢が、義詮の軍勢との神南合戦で大敗したことは、直冬方全軍の崩壊をもたらすものであり、東寺に立て籠っている直冬の運命をも左右することになる重大事であった。

尊氏、西坂本・六条・七条河原に進出

仁木頼章、嵐山に布陣

比叡山の西塔西蓮坊《さいれんぼう》に陣を構えていた尊氏は二月三日頃下山し、西坂本（現京都市左京区）に移動した。さらに同六日には六条・七条河原に進出した。仁木頼章は嵐山（現京都市西京区）に布陣した。この時なお直冬は東寺に立て籠っていたが、直冬方の兵の中から尊氏に降伏する者が出たとの噂が流れている。『太平記』によれば「京ヨリ南、淀・鳥羽・赤井・八幡ニ至ルマデハ、宮方ノ陣トナリ、東山・西山・山崎・西岡ハ、皆将軍方

直冬軍と尊氏軍との合戦

ノ陣トナル」とある。

そして同八日、直冬の軍と尊氏の軍がはじめて錦小路・猪熊《いのくま》・大宮周辺で合戦したが、勝敗を決するまでに至らず、両軍は互いに兵を引いた。『太平記』にはこの合戦の模様を、「去程ニ二月八日、細川相模守《さがみのかみ》清氏千余騎ニテ、四条大宮へ押寄セ、北陸道ノ敵八百余騎ニ懸合《かけあい》テ、追ツ返ツ終日ニ戦ヒ暮シテ、左右へ颯《さつ》ト引退」と描写している。

清水坂十住心院

同九日には、尊氏は東山鷲尾寺《わしお》（現京都市東山区）に移り、さらに清水坂《きよみずざか》（現京都市東山区）に陣を移し、以後直冬が京都より退去するまで清水坂の十住心院《じゅうじゅうしんいん》を本拠とした。この間両軍の兵士による狼藉《ろうぜき》が相次ぎ、京都市中は無秩序状態になっていた。

そのような中、同十三日・十五日に両軍が合戦しているが、この時も勝敗は明らかでなかったらしい。ただ十五日の合戦は激戦が展開されたらしく、提出された複数の軍忠状にも、十五日の京都合戦に戦功を抽んじた旨が記されている。『園太暦』にはこの合戦で「しかれども両方多く疵《きず》をこうむり、或いはまた討取らると云々」と見える。

義詮、山崎・京都合戦の勝利を報ず

しかし義詮は、六日・十五日両度の合戦で勝利を得たと報じている。

直冬・時氏《（山名）》・直常《（桃井）》等洛中に乱入するの間、誅伐のため、播州より責め上るの処、今月六日の山崎の合戦、同十五日の京都の戦、共に以て御方討ち勝ちおわんぬ、その

子細使者に仰するところなり、この時分その堺の事、一途に沙汰致すべきの状件のごとし、

文和四年二月廿一日　（足利義詮）（花押）

（田原直貞・正曇）豊前蔵人三郎入道殿

（草野文書）

東寺に立て籠った直冬が、山崎より京都に攻め入った義詮の軍勢と、清水坂に布陣する尊氏の軍勢によって挟撃される状況にあったことがわかり、戦況が直冬にとってきわめて憂慮すべき状況に追い込まれつつあったことは否定できない。

義詮、西山法華山寺に陣す

そのような中、同二十八日には、義詮は西山法華山寺（現京都市西京区）に陣を移しており、三月八日には尊氏が細川清氏の陣に入り、清氏の部将烟田時幹《かまたときもと》らが七条東洞院（現京都市下京区）に、岩松頼宥《らいゆう》が西七条（現京都市下京区）に布陣し、戒光寺（現京都市南区）にあった桃井直常を攻撃し、これを敗走させた。直常の軍勢は直冬の直衛部隊であり、その敗走は直冬が裸同然となったことを意味した。

桃井直常敗走す

直冬の戦い振り

しかし直冬がこれらの合戦に自ら出陣し、陣頭指揮をすることはなかったらしい。『建武三年以来記』三月八日の条には「東寺方全く分ちて発向せざるの間、合戦なし」と記述している。『太平記』はこの合戦中の直冬の行動について、

播磨赤松氏範の奮闘

中ニモ桃井播磨守ガ兵共、半バ過テ疵ヲ被ケレバ、悪手ヲ替テ相助ン為ニ、東寺へ引返シケル程ニ、土岐《とき》ノ桔梗《ききよう》一揆《いつき》百余騎ニ被二攻立一、返シ合ル者ハ切テ落サレ、城へ引籠ル者ハ城戸《きど》・逆木《さかき》ニセカレ不二入得一。城中騒ギ周章《あわて》テ、スハヤ只今此城被二攻落一ヌトゾ見ヘタリケル。赤松弾正少弼《だんじようしようひつ》氏範ハ、郎等《ろうとう》小牧五郎左衛門ガ痛手ヲ負テ引兼タルヲ助ント、馬上ヨリ手ヲ引立テ歩マセケルヲ、大将直冬朝臣、高櫓ノ上ヨリ遥ニ見給テ、「返シテ御方ヲ助ケヨ。」ト、扇ヲ揚テ二三度マデ招レケル間、氏範、小牧五郎左衛門ヲカヒ爴《つかん》デ城戸ノ内へ投入、五尺七寸ノ太刀ノ鐔《つば》本取延テ、只一騎返合々々、馳並々々切ケルニ、或ハ甲ノ鉢ヲ立破ニ胸板マデ破付ラレ、或ハ胴中ヲ瓜切ニ斬テ落サレケル程ニ、サシモ勇メル桔梗一揆叶ハジトヤ思ケン、七条河原へ引退テ、其日ノ軍ハ留リケリ。

直冬の武将としての資質欠除

と記している。この記事がどこまで信用できるか疑問はあるが、危機が迫っている状況の中で、直冬が高櫓の上から眺めて、「返して御方を助けよ」と扇で二、三度招いたと叙述していることは、『太平記』の作者による、直冬には武将としての資質が欠除していたことに対する批判が込められている叙述のように思われる。この一事を以てしても、直冬が将に将たる器でなかったことは勿論《もちろん》、一武将としてもその名に値しない人物であったように思われる。

三　京都撤退と直冬探索

直冬の東寺より脱出

三月十二日、尊氏の軍勢は、直冬の本陣である東寺に突入した。直冬は正月二十五日以来宿所にしていた東寺から脱出し、八幡（現京都府八幡市）に逃れた。直冬が入京して以来約二ヵ月足らずで、尊氏・義詮の反撃が効を奏し、再び京都は奪回された。今一歩まで尊氏・義詮を追い詰めながら、九仭《きゅうじん》の功を一簣《いっき》に欠いた直冬の無念の心情は同情に値する。その時、直義の横死《おうし》に対する仇討ちが達成できなかったことへの慚愧《ざんき》の思いも直冬の頭の中をよぎったであろう。

尊氏は即日薩摩国の島津師久・氏久宛に、直冬を東寺で退治したことを伝える御教《みぎょう》書《しょ》を送っており、その御教書が五月十九日に到着している。これに対し早速師久・氏久は「天下の大慶この事に候」と祝意を表している。

尊氏の首実験

尊氏は、翌十三日東寺に入り、百余りの首実験をしている。尊氏としては、その中に直冬の首があることを期待していたものと思われる。しかし期待に反し、その中に直冬

東　寺

の首は見当らなかった。もしその中に直冬の首があったとしても、それまで直冬とまともに対面しようとしなかった尊氏が、はたして直冬の首を見分けることができたかどうか、はなはだ覚束《おぼつか》ない。

敗者の末路

直冬の部下の狼藉

勝敗は時の運とはいえ、敗者の末路は悲惨を極めるのが世の常である。直冬は十三日の夜陰にまぎれて、八幡・住吉（現大阪市住吉区）・天王寺（現大阪市天王寺区）方面へと落ち延びたとされている。『園太暦』三月二十四日の条に、直冬の軍勢は東寺から没落する際、宝蔵を破り掠奪したと記している。すでに直冬には部下を掌握統率することもできない状況に追い込まれていたことがわかる。

『太平記』によれば、直冬が東寺を立ち去った翌日、東寺の門に次の三首の落首が書かれていたという。

東寺の門の落首

兎《と》ニ角《かく》ニ取立ニケル石堂モ
　九重ヨリシテ又落ニケリ
深キ海高キ山名ト頼ナヨ
　昔モサリシ人トコソキケ
唐橋ヤ塩ノ小路ノ焼シコソ
　桃井殿ハ鬼味噌ヲスレ

八幡宮の託宣

その中に頼房・時氏・直常の名前を詠み込んでいるが、これがいずれも作者の虚構によるものであることは論を俟《ま》たない。また、落ち延びた直冬の軍勢を再結集して、今一度挑戦しようとの意見もあったが、諸大将の意見は一致しなかった。『太平記』には、その時直冬は凡慮《ぼんりよ》の及ぶ所にあらずとして、八幡宮の託宣《たくせん》によって軍の吉凶を占ってもらおうとしたところ、

　タラチネノ親ヲ守リノ神ナレバ
　　此手向《たむけ》ヲバ受ル物カハ

直冬の諸大将の四散

との託宣が出た。この託宣を聞いて、直冬を大将にして尊氏と戦っても勝目はないと、諸大将はそれぞれの国に逃げ帰ったと叙述されている。これも作者の虚構であることは

疑いないが、敗軍の将直冬を見捨てて諸大将が四散した様を物語っている。

義詮、東寺合戦の勝利を報ず

義詮は再びその状況を田原正曇に報じている。

> 去ぬる十二日、洛中の合戦終日に及び戦いおわんぬ、仍って同日酉刻凶徒没落し、宗《むね》たる凶徒その数を知らず討ち捕えおわんぬ、南方に散失せしむるの間、重ねて発向するところなり、直冬以下もしその堺に落下せば、不日《ふじつ》誅伐すべきなり、かつがつこの由を存知せしめ、忠節を致すべきの状件のごとし、
>
> 文和四年三月十五日　（足利義詮）（花押）
>
> 豊前蔵人《くろうど》三郎入道殿
>
> （草野文書）

義詮、直冬の九州落下を懸念す

義詮は再び直冬が九州に落ち下ることを想定し、それに備えさせていたことがわかる。しかし、すでに直冬にはそれだけの余力は残っていなかった。

畠山直顕、尊氏に降伏の意志表明

九州にあって直冬与同勢力として活動していた畠山直顕も、四月二十五日に尊氏に注進状を送り、降伏の意志を表明しており、尊氏はこれを受け入れ、以後一色道猷と万事相談して戦功を励むよう命じている。この京都東寺での敗戦以後、直冬が組織的合戦を行った形跡はない。

直冬の探索

直冬が京都より脱出したことを知った尊氏・義詮は、早速その探索を開始している。

直冬の軍勢が八幡・宇治あたりにいるとの噂があり、三月十九日、義詮は宇治に発向したが、すでに直冬は天王寺方面に退いていたわけであるから、虚報であったことがわかり、義詮は京都に帰還している。

直冬、流浪の身となる

この頃、直冬はまとまった軍勢を率いることもなく、幕府方の追手の目を逃れながら、流浪《るろう》の身となり、かつての部下を頼り、中国各地を転々とする日々を送っていたようである。その後の直冬に関する史料は急速に減少している。

摂津多田院への祈禱を命ず

そのような中、直冬は摂津国多田院（現兵庫県川西市）に祈禱を命じている。

　祈禱の事、大般若経を転読し、殊に精誠を致すべきの状件のごとし、
　　正平十年四月四日　（足利直冬）（花押）
　　　多田院長老
（多田院文書）

京都神護寺・大和春日社よりの祈禱巻数を直冬の見参に入れる

その四日後には、京都神護寺《じんごじ》（現京都市右京区）より贈られた祈禱巻数《かんず》を直冬の見参《げざん》に入れたことを伝えている。

　御祈禱巻数一枝、見参に入らしめ候いおわんぬ、殊に以て目出たく候、仍って執達件のごとし、
　　正平十年卯月八日　（与田）大和守（花押）

高尾衆徒中

（神護寺文書）

与田《よだ》大和守は直冬の側近の者らしく、正平十年八月十六日にも、祈禱巻数一枝を直冬の見参に入れたことを春日社（現奈良県奈良市）にも伝えている。

直冬の神南・京都合戦に対する感状

さらに直冬は、金持《かなじ》左近将監の神南山と京都合戦の時の忠節に対し感状を与えている。

摂津国神無山ならびに京都の合戦において、度々《どど》忠節を致すの上、南方に供奉《ぐぶ》の由、山名左京大夫時氏注し申すの条、尤も以て神妙なり、戦功を抽んずべきの状件のごとし、

正平十年五月二日　（足利直冬）（花押）

金持左近将監殿

（岡本貞烋氏所蔵文書）

大和春日社に祈禱を命ず

大敗した神南、京都の合戦の際の戦功について、直冬が発給した残存する感状としてはこれが唯一のものである。それと対照的に勝利を得た北朝方の関係者に対する感状は数多く残存している。また直冬は、同年五月二十七日・同年七月八日に、小野寺八郎左衛門尉の阿波国における忠節に対し、同六月九日に吉川経連・吉川又三郎・吉川次郎右衛門尉・吉川三郎左衛門尉の安芸国における忠節に対し感状を与えている。そして同年六月十五日には、春日社一禰宜《ねぎ》に天下静謐《せいひつ》の祈禱を命じている。

尊氏、直冬の九州落下を懸念

一方、尊氏は畠山直顕に一色道猷と協力して、北朝方の南九州での勢力拡大を図ることを命じていたが、直顕にはさらさらその気配はなく、島津氏との抗争を繰り返していたため、七月九日には、道猷に対し直顕の退治を命じている。尊氏は直冬およびその残党が直顕を頼り、九州に落ち下ることを警戒していたためと思われる。

直冬の感状、恩賞地給付の効果

七月十八日には、直冬は恒岡《つねおか》源三郎に追って恩賞を与えることを約束している。しかし流浪の身である直冬から、感状や将来の恩賞地給付の約束をもらったとしても、はたして浮動勢力を味方として馳せ参じさせるために、どれだけの効果があったかははなはだ疑わしい。

仁科盛宗の石見国入国

その後、直冬の側近の部将であった仁科盛宗が、石見国凶徒退治のため、正平十年九月、石見国那賀郡三隅（現島根県那賀郡三隅町）に入っており、直冬が活動の範囲を安芸国から石見国にまで広げつつあったことがわかる。

安芸野美城の合戦

一方義詮は、同じ文和四年九月に、安芸国野美《のみ》城（現広島県東広島市豊栄《とよさか》町）以下所々での小早川一族の忠節に対し感状を与えている。その相手は吉川氏一族以下の直冬与同の勢力であったと思われる。

安芸国野美城以下の所々において、忠節を致すの由、小早河備後前司《びんごのぜんじ》貞平注し申す

ところなり、尤も神妙、いよいよ戦功を抽んずべきの状件のごとし、

文和四年九月廿六日　（押紙）（足利）義詮ノ御判

小早河五郎太郎殿

（小早川家証文）

石見高津城の合戦

また直冬は、石見国高津城（現島根県益田市）での石見国岩田胤時・吉川光経・永安太郎左衛門尉・永安三郎・周布兼成の軍忠に対し感状を与えている。これらの国人は、直冬が九州にいた頃から、工作を続けてきた者たちである。その永年の努力が報われ、不遇の状況に追い込まれた直冬を見捨てることなく馳せ参じたものと思われる。その合戦の相手が北朝支持勢力であったことはいうまでもない。

直冬、安芸国に下着

直冬は正平十一年（一三五六）二月五日、安芸国に下《げ》着《ちゃく》したことを石見国内田致世に伝えている。

今月五日、芸州に下着するところなり、早速馳せ参じ、戦功を抽んずべきの状件のごとし、

正平十一年二月六日　（足利直冬）判

内田三郎（致世）殿

（永田秘録所収内田家文書）

伊予国忽那《くつな》義範《よしのり》にも安芸国下向を伝えている。

芸州に下著するところなり、急速に馳せ参じ、忠節を致さば、本領相違あるべからざるの状件のごとし、

正平十一年三月九日　（足利直冬）（花押）

忽那神浦下野（義範）法眼房

（忽那家文書）

義詮の直冬誅伐命令

直冬の安芸国下向について、小早川貞平も義詮に報じている。

直冬芸州に没落の由、注進状披見《ひけん》しおわんぬ、一族を相催し、急速に馳せ向かい、誅伐すべきの状件のごとし、

文和五年二月十七日　（足利義詮）（花押影）

小早河備後前司（貞平）殿

（小早川家証文）

直冬の安芸定住

直冬は「下著」と称し、義詮は「没落」と表現していることが対照的である。これ以前から直冬は安芸国で活動していたと思われるが、あえて直冬が下着したことを強調する何らかの理由があったと思われるが、『園太暦』等の記録にもまったくそのことについての記載がなく、それが何であったかわからない。あるいはそれまでの流浪の身から脱し、支持基盤ができ、定着する目処《めど》が立つ状況になったのかも知れない。もしそうであるとすれば、義詮としても放置することはできず、その勢力が拡大する以前に早急な

対策を講ずる必要があったであろう。

直冬、馳参の輩の向背に苦しむ

しかし直冬も味方として馳せ参じて来た者たちの向背《こうはい》には苦しめられている。

最前に馳せ参じ忠節を致すの間、神妙の処、俄《にわ》かに帰国するの条、何様の次第か、急速に重ねて参らしめ、戦功を抽んずべきの状件のごとし、

正平十一年四月廿九日　（足利直冬）（花押）

吉河三郎左衛門尉殿　（吉川家文書）

発給年月日が同じ、同内容の石見国内田致世に対する軍勢催促状が発給されているので、集団的敵前逃亡が起きたものと思われる。しかし再度の部下を置き去りにした敵前逃亡の前歴のある直冬に、部下の敵前逃亡を非難する資格はないように思われる。

直冬の発給残存文書数

正平十二年（一三五七）より、直冬の残存する最後の文書が発給された正平二十一年（一三六六）までの十年間の、直冬の残存する発給文書数は三十二通にしか過ぎない。

直冬が九州にいた約三年三ヵ月の間に発給した文書は、二八〇通にも達していることからすれば、この期間の直冬の残

京都撤退後の直冬発給文書数

年次	通数
正平12年	5
13年	1
14年	5
15年	1
16年	3
17年	4
18年	3
19年	6
20年	2
21年	2

直冬の活動の低落

存文書がいかに少ないかがわかる。勿論直冬の権力の低下により、発給された文書が保存されなかったことも考えられるが、残存文書数の急激な減少は、直冬の活動の低落現象を示すものと考えてよいであろう。

その数少ない正平十二年九月に発給された五通の残存文書は、いずれも安芸国児玉氏一族に対し、国におけるその忠節を賞した感状、および追って恩賞地の給付を約束した書下《かきくだし》である。この時点では、なお直冬は細々ながら安芸・石見両国を中心に活動していたことがわかる。

第八　終焉への道

一　諸将の離反

直冬の所領安堵

かつて文和《ぶんな》二年（一三五三）十二月十三日、義詮《よしあきら》から安芸《あき》国入野《にゅうの》城（現広島県東広島市河内《こうち》町）合戦の忠節に対し感状《かんじょう》を受けていた小早川実義《こばやかわさねよし》が、最初より軍忠を抽《ぬき》んじていたにも拘らず、いまだ恩賞に与っていないのは不便の次第であると申し、当知行《とうちぎょう》地安芸国三津村（現広島県東広島市安芸津町）について、安堵《あんど》の下文《くだしぶみ》を賜わらんことを訴えた申状に、直冬が裏花押《うらかおう》を据《す》え安堵している。その申状で、実義は正平《しょうへい》十三年（一三五八）十月日と正平年号を用いているので、北朝方から直冬方に変わっていることがわかる。

また直冬は正平十三年十二月二十九日には、伊予《いよ》国忽那則平《くつなのりひら》の安芸国における忠節に対し、感状を与えている。これらによって、この頃直冬は安芸国にあって活動していたことがわかる。

瀬戸内海沿岸国人への工作

直冬は九州在住時代から、将来の上洛《じょうらく》に備え、中国地方への工作とともに、四国地方特に瀬戸内海沿岸の国人《こくじん》に対する工作を推進していた。その後、中国地方に転進してからは、その働きかけは一層活発化している。

直冬と忽那氏との連携

元来四国の各国守護《しゅご》には細川氏一族が補任《ぶにん》されており、北朝支持勢力が強い地域であった。そのような中、伊予国忽那義範《よしのり》は南朝方として活動していたので、直冬も義範に感状を与えている。

国において軍忠を致すの条、神妙なり、いよいよ戦功を抽んずべきの状件のごとし、

貞和六年七月廿八日　（足利直冬）（花押）

（忽那義範）神浦下野法眼房

（忽那文書）

貞和《じょうわ》六年（一三五〇）十月一日にも義範に感状を与えており、同十二月二十六日には忽那一族に対しても感状を与えていることなどから、直冬が特に忽那氏と連携を保っていたことがわかる。

伊予河野氏は北朝方支持

直冬の家人の活動

これに対し、同じ伊予国の河野《こうの》氏は一貫して北朝方を支持している。文和三年（一三五四）二月二日の河野通朝《みちとも》宛の足利尊氏御教書《みぎょうしょ》によれば、宇都宮貞泰《うつのみやさだやす》が堺右衛門太郎入道・同孫四郎・重松弥八・太田庄司・仙波《せんば》又太郎以下の凶徒ならびに直冬の家人《けにん》石堂左

衛門蔵人《くろうど》・新開《しんかい》左衛門尉らが伊予国喜多《きた》郡（現愛媛県大洲《おおず》市・喜多郡内子町）に押し入り、城郭を構えていると訴えたことに対し、通朝の父伊予国守護河野通盛《みちもり》に国中の軍勢を催し、退治すべきことを命じたことを伝えている。この凶徒の中に直冬の家人が含まれていたことが、尊氏が重大な関心を寄せた理由と思われる。

直冬と阿波国南朝支持勢力との連携

このほか阿波《あわ》国において、守護細川頼春・細川頼之《よりゆき》に対し、小笠原《おがさわら》頼清・出雲守《いずものかみ》時有《ときあり》、小野寺八郎・三木氏村・西山民部《みんぶ》・菅生《すごう》四郎左衛門尉・小川右衛門丞・落合左衛門尉らが南朝方として行動しており、直冬はこれら南朝方支持勢力とも連携していたことがわかる。

阿波国において忠節を致すの条、尤《もっと》も神妙なり、いよいよ戦功を抽んずべきの状件のごとし、

正平十年五月廿七日　（足利直冬）（花押）

小野寺八郎左衛門尉殿

（小野寺文書）

阿波国の凶徒退治の事、軍忠を抽んずるの条、尤も以て神妙、いよいよ戦功を励ますべきの状件のごとし、

正平十年七月八日　（足利直冬）（花押）

小野寺八郎殿　（小野寺文書）

伊予忽那則平、安芸下着の直冬の下に馳せ参ず

このように京都での合戦に敗れ、中国地方に逃亡した後も、阿波国小野寺氏に働きかけていたことがわかる。さらに忽那則平は、安芸国に下着した直冬の下に馳せ参じていることがわかる。

芸州において、忠節を致すの条、尤も神妙、いよいよ軍忠を抽んずべきの状件のごとし、

正平十三年十二月廿九日　（足利直冬）（花押）

忽那（則平）五郎左衛門尉殿　（忽那文書）

四国国人らの離反

しかし衰退の一途を辿る直冬から、これら四国の国人たちも次第に離反して行ったものと思われる。

直冬、石見国へ移る

その後、正平十四年・延文《えんぶん》四年（一三五九）から正平十六年・康安《こうあん》元年（一三六一）にかけては、安芸国を離れ石見《いわみ》国へ活動の拠点を移していることが窺える。

正平十四年発給文書

正平十四年三月十二日、直冬は石見国周布《すふ》兼氏《かねうじ》に同国白上《しらがみ》郷（現島根県益田市）地頭職《じとうしき》・同領《りょう》家《け》職を兵粮料所として預けている。なお兼氏はこれより一ヵ月前の延文四年二月十二日には、義詮より石見国における忠節により、本知行地を安堵されている。

直冬の公家への推挙状

また直冬は正平十四年三月二十七日には、石見国内田致世《ともよ》が肥前権守《ごんのかみ》を所望したことに対し、公家に伝えるとの推挙状を発給しているが、当時の直冬の置かれていた立場を考えれば、この推挙状が有効に機能したとは考えられない。

直冬の所領所職の安堵

さらに正平十四年五月二日には、石見国益田兼見《ますだかねみ》の本領への守護使の入部《にゅうぶ》を止めており、同五月三日には、内田致世の遠江《とおとうみ》国内田庄（現静岡県菊川市）下郷地頭職を安堵しており、正平十四年六月三日には、石見国小石見郷・安田・福井両村ならびに葛原畑（現島根県浜田市）地頭職を安堵している。

正平十五年の発給文書

正平十五年には、同年六月十八日の周布兼氏の石見国周布郷（現島根県浜田市）への守護使入部を停止した書下《かきくだし》一通しか残存していない。

正平十六年の発給文書

正平十六年には、同年三月十一日、鳥居兼元の石見国久佐《くざ》郷（現島根県那賀郡金城《かなぎ》町）内波佐清六屋敷田畠、佐古田志水尻椙《すぎ》等を安堵しており、同十一月六日には、出雲国鰐渕《がくえん》寺（現島根県出雲市平田）に祈禱精誠を命じており、同十一月二十五日には、内田致世の石見国高津城（現島根県益田市）での合戦における忠節に対し感状を与えている。

正平十七年発給文書

正平十七年・康安二年・貞治元年（一三六二）になると、同正月十日に内田致世に来る十九日に石見国を進発することを伝え、馳せ参じることを命じる軍勢催促状を発給している。

南朝方勢力の蜂起

同年六月頃、各地で南朝方勢力が蜂起し、山名時氏《やまなときうじ》もこれに呼応して、伯耆《ほうき》より美作《みまさか》に進出し、備前《びぜん》・備中《びっちゅう》の北朝方の軍勢を攻撃した。これに対し、同十一月、義詮は時氏の軍勢を討伐するため、三河《みかわ》・遠江の軍勢を丹波に派遣している。時氏の軍勢と連携するため石見国を進発した直冬も備後《びんご》国府中（現広島県府中市）に軍勢を進めた。

直冬備後府中に進出

著到《ちゃくとう》す

吉河帯刀《きつかわたてわきのじょう》允経政《つねまさ》

右、備後国府中に供奉《ぐぶ》せしめ、連々忠節を致す者なり、仍って著到を上《たてま》つること件のごとし、

正平十七年十一月廿七日

「承りおわんぬ、（花押）」（足利直冬）

（吉川家文書）

直冬五百騎を率いて備後宮内に進出す

この頃の直冬の動静について『太平記』は次のように記述している。時氏が備後国に富田直貞《とんだなおさだ》を遣《つか》わし、宮下野《しもつけ》入道道山《どうせん》の城を攻撃しようとした時、直冬も石見国から五〇〇騎ばかりを率いて馳せ参じ、直貞と協力するため備後国宮内《みやのうち》（現広島県福山市）に進出した時、禅僧一人を道山の所に使として遣わし、もし味方に参じて忠を致すならば、欠

所分を所望にまかせて与えるであろうと伝えた。これに対し道山は次のように答えたとある。

直冬、宮道山の所に使者を遣わす

天下ニ一人モ宮方ト云人ナク成テ、佐殿モ無㆓憑方㆒《たのむかたなく》成セ給ヒタラン時、サリトテハ憑ゾト承ラバ、若憑レ進《まいら》スル事モヤ候ハンズラン。今時近国ノ者共多ク佐殿ニ参リテ、勢付セ給フ間、当国ニ陣ヲ召レテ参レト承ランニ於《おい》テハ、エコソ参リ候マジケレ。悪《にく》シ其儀ナラバ討テ進セヨトテ、御勢ヲ向ラレバ、尸《かばね》ハ縦《たとひ》御陣ノ前ニ曝《さら》サル共、魂ハ猶将軍ノ御方ニ止テ、怨ヲ泉下ニ報ゼン事ヲ計ヒ候ベシ、（中略）此使帰ラバ佐殿定テ寄セ給ハンズラン。先ズル時ハ人ヲ制スルニ利アリトテ、逆寄《さかよせ》ニ寄テ追散セトテ、子息下野次郎氏信ニ五百余騎ヲ差副《さしそえ》、佐殿ノ陣ヲ取テ御坐《おわします》宮内へ押寄セ、懸立《かけたて》々々責ケルニ、佐殿ノ大勢共、立足モナク打負テ、散々ニ皆成ニケレバ、富田モ是ニ力ヲ落シテ、己ガ本国へゾ帰リニケル。直冬朝臣《あそん》、宮入道ト合戦ヲスル事其数ヲ不レ知。然共《しかれども》、直冬一度モ未打勝給ヒタル事ナケレバ、無㆓云甲斐㆒ト思フ者ヤシタリケン、落書ノ哥《うた》ヲ札ニ書テ、道ノ岐《ちまた》ニゾ立タリケル。

直冬、道山との合戦に勝たることなし

直冬ハイカナル神ノ罰ニテカ宮ニハサノミ怖《おぢ》テ逃《にぐ》ラン

侍大将ト聞ヘシ森備中守モ、佐殿ヨリ前ニ逃タリト披露有ケレバ、高札ノ奥ニ、

楢《なら》ノ葉ノユルギノ森ニイル鷺《さぎ》ハ深山下風《みやまおろし》ニ音《ね》ヲヤ鳴《なく》ラン

と記述されている。勿論この記述には虚構が多いが、道山に直冬の心底を見透かされており、直冬の懐柔策は失敗したことがわかる。そして直冬はすでに人心を引き付けることができず、無残に敗退を重ねていたことを示している。

備後宮内陣・府中・矢野陣

そのような中にあって、正平十七年十二月十七日には、内田致世代に対し、備後国宮内陣および府中・矢野（現広島県府中市）において忠節を抽んじたとして感状を与えており、また同日付で、周布兼氏に石見国白上郷（現島根県益田市）新本地頭職を充行《あてが》っている。

大内弘世の幕府への帰順

戦況が幕府側に有利に展開する中、これまで南朝方として行動し、直冬の中国地方での活動を支えてきた諸有力豪族が次々と幕府側に帰順することになった。それまで正平年号を用いていた大内弘世《ひろよ》が、貞治二年（一三六三）三月には北朝年号使用に転じており、幕府側に帰順したことがわかる。

禁制

防州国分寺ならびに法華寺の散在する寺領に、守護使以下甲乙人等、ややもすれば事を左右《そう》に寄せ、違乱を致すの条、はなはだ然るべからず、自今《じこん》以後、堅く禁遏《きんあつ》せしむるところなり、もし違犯の輩においては、罪科に処すべきの状件のごとし、

（周防国分寺文書）

貞治二年三月　日　　沙弥（大内弘世・道階）

直冬備後より没落す

山名時氏、幕府に帰順す

以後弘世が南朝年号を用いることはなかった。また、義詮は、貞治二年九月十日、安芸国小早川春平に対し、直冬が備後国より没落し、時氏も幕府側の味方となったことを伝えている。したがって直冬の最も有力な支援者であった時氏も、同九月十日以前に幕府側に帰順していたことがわかる。弘世・時氏らの帰順によって、直冬の運命も定ったといえる。

正平十八年の発給文書

直冬、義詮に屈服す

正平十八年（一三六三）十月十四日、直冬は吉川山城守に備中国草壁郷（現岡山県小田郡矢掛《やかけ》町）地頭職を勲功賞として充行っているが、大勢にはいかんとも抗することができず、同十一月頃までには、義詮の前に屈服したものと思われる。その後、正平十八年十二月二十九日には、石見国吉川経秋に土佐国守護職を充行っている。

正平十九年の発給文書

正平十九年（一三六四）二月一日には、石見国吉川経秋・益田兼見・内掃部助《かもんのすけ》らに勲功賞を与えており、同四月十六日に吉川経兼の所領安堵、同五月十八日には、吉川虎熊に勲功賞を与えている。

正平二十年の発給文書

正平二十年（一三六五）三月六日には、幕府方に帰順した大内弘世跡の周防国祖生《そお》郷（現山

直冬は正平年号を使用継続

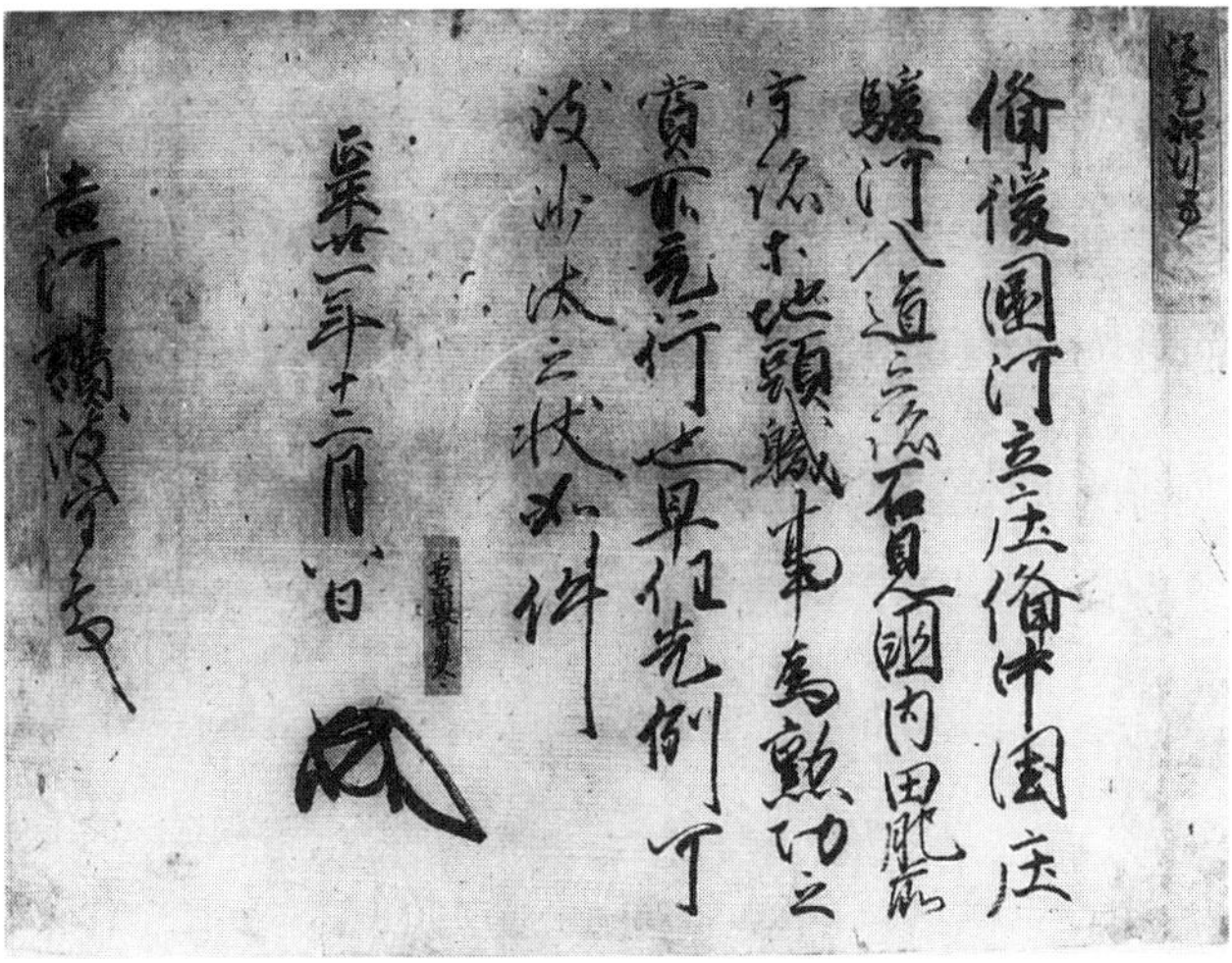

足利直冬充行状（吉川史料館〈岩国市〉所蔵「吉川家文書」，東京大学史料編纂所提供）

口県玖珂《くが》郡周東《すどう》町・由宇町）地頭職を吉川光経に、同四月五日には、小早川範平跡の安芸国小田郷（現広島県東広島市・三原市）地頭職を安芸国熊谷《くまがい》直道に充行っている。

かつて南朝方として活躍した武将たちが、幕府側に帰順してから後は、北朝年号使用に変っているのに対し、直冬は屈服後も正平年号を使用し続けていることは注目される。敗残者直冬の義詮に対するせめてもの抵抗の姿勢を示すものであろうか。

細々と発給されていた直冬の発給文書も次の文書を最後にまったく消滅している。

直冬最後の発給文書

備後国河立庄、備中国庄駿河入道の跡、石見国内田肥前守(致世)跡等地頭職の事、勲功の賞として充行うところなり、早く先例に任せ、沙汰致すべきの状件のごとし、

正平廿一年十二月八日　(足利直冬)(花押)

吉河讃岐《さぬき》守殿　（吉川家文書）

致世はかつて直冬より軍勢催促状や感状等を受け、活躍した人物である。その致世も直冬から離れて行ったものと思われる。

二　肉親の死

尊氏の死

延文《えんぶん》三年（一三五八）四月三十日、足利尊氏《あしかがたかうじ》が京都の二条万里小路第《にじょうまでのこうじてい》（現京都市下京区）で死亡した。五十四歳であった。等持院殿仁山妙義《とうじいんでんじんざんみょうぎ》。尊氏は死の直前まで、島津師久《もろひさ》の要請に応じて、自ら九州に下向《げこう》し、畠山直顕《はたけやまただあき》支持勢力の討伐を意図していたが、義詮がそれを思い止らせたとされている。

義詮、尊氏の九州下向を止める

直冬の心境

尊氏の死は、当然直冬の耳にも入ったであろうが、その時期はわからない。かつて直冬の誅伐《ちゅうばつ》を九州の諸豪族に命じ、東寺《とうじ》合戦後、直冬が没落した後に、首実験までして

直冬の死亡を確認しようとした尊氏の死を、直冬はどのように受け止めたのであろうか。おそらく直冬には、その死を悼《いた》む気持は浮かばなかったであろう。

夢窓疎石の尊氏評

『梅松論《ばいしょうろん》』によれば、夢窓疎石《むそうそせき》は尊氏は三徳を兼ね備えていた将軍であったと評したとある。

第一に、御心強にして、合戦の間身命を捨給ふべきに臨む御事、度々《どど》に及といへども、咲《えみ》を含て怖畏《ふい》の色なし、第二に、慈悲天性にして、人を悪《にく》ミ給ふ事をしり給はず、多く怨敵を寛宥《かんゆう》有事一子のごとし、第三に、御心広大にして物惜《ものおしみ》の気なし、金銀土石をも平均に思食《おぼしめし》て、武具御馬以下の物を人々に下給ひしに、財と人とを御覧じ合る事なく、御手に任て取給ひし也、八月朔日などに、諸人の進物共、数もしらず有しかども、皆人に下し給ひし程に、夕に何有とも覚えずとぞ承し、実三の御体、末代にありがたき将軍也と、国師談義の度毎にぞ仰有ける。

夢窓の尊氏評に対する直冬の感慨

この夢窓の尊氏評を、もし直冬が知ることがあったならば、第一、第三についてはともかく、第二の「慈悲天性にして、人を悪ミ給ふ事をしり給はず」云々については、とんでもないと思ったことであろう。直冬にとって尊氏の死は、生涯をかけた打倒の目標が失われたわけである。その後の直冬の活動には一段と生彩がない。それは目標を失っ

目標の喪失

た者の虚脱感をさえ感じさせる。

赤橋登子六十歳で死亡

尊氏が亡くなってから七年後の正平二十年・貞治四年（一三六五）五月四日、尊氏の妻、義詮の生母赤橋登子《とうし》が死亡した。六十歳。登真院《とうしんいん》定海尼。京都仁和寺《にんなじ》等持院に葬られた。かつて直冬が尊氏との対面を求めて上洛してきた時、尊氏がこれを拒否した原因の一つに登子の存在があったことは疑いない。

直冬の登子に対する怨念

登子は幼い義詮の将来のことを慮《おもんぱか》って、義詮より年長者である直冬に対し、尊氏が父子の名乗りを許すことに極力反対したであろう。それは義詮を守る母親としては当然の行為であったろう。おそらく登子と直冬が、生前顔を会わせたことは一度もなかったと思われる。

直冬としては、不遇な自分の母親と比べて、恵まれた日々を送る登子に対して、尊氏に対する以上の怨念を抱いていたとしても不思議ではない。あるいは尊氏と自分との間を引き割《さ》いている張本人は登子であると思っていたかも知れない。その死を知ったときの直冬の胸中はいかがであったろうか。直冬のそれまでの姿勢から推測して、とても死者を悼む気持を抱いたとは思えない。

義詮、三十八歳で死亡

さらにその二年後の正平二十二年・貞治六年（一三六七）十二月七日、直冬にとって最大のライバルであった征夷大将軍《せいいたいしょうぐん》正二位前権大納言《さきのごんだいなごん》足利義詮が、三十八歳の若さで死亡した。宝篋院殿道権瑞山《ほうきょういんでんどうけんずいざん》。かつて直冬が鎮西探題《ちんぜいたんだい》に補任された時、一時的に和解したこともあったが、その後両者が和解することはなく、常に対立抗争を繰り返してきた。おそらく両者が平和裡に顔を会わせたことはなく、たとえ顔を会わせたことがあったとしても、いつも激しい生死を分ける合戦の場であったであろう。

直冬の感慨

これまで高師直《こうのもろなお》・師泰《もろやす》兄弟・養父直義《ただよし》・実父尊氏をはじめ多くの人々の死に接し、今また登子・義詮の死に遭い、敗残の身をかこち、ようやく初老期を迎えつつあった直冬に、世の無常なることを感じさせたに相違ない。特に自分より若い義詮の死は、直冬に一層その感を強くさせたであろう。すでに争うべき相手もなく、空《むな》しく余生を送ることを余儀なくされたことは、直冬にとって苦難に満ちた前半生以上に耐え難いことであったかも知れない。

三　直冬の死

長生きした直冬

もし余生を送る直冬の心中が、推測通りであったとするならば、直冬は思いがけず義詮よりは勿論、尊氏・登子よりもはるかに長生きしたわけであるから、無聊《ぶりよう》というさらなる苦難の日々を延々と送ったことになる。

直冬石見に隠棲

義詮の後を嗣《つ》いで将軍となった足利義満《よしみつ》は直冬と和解し、直冬が石見国に隠棲《いんせい》して余生を送ることを認めたとされているが、石見国における晩年の直冬の動静については、何ら知るべき史料がない。

直冬の保護者吉川氏

石見国は直冬がかつて九州在住時代から、国人層に対し工作を続けていた国であり、直冬を支持する勢力も広く分布していた国で、上洛に際しては石見国の諸勢力を率いて進発した。しかし敗残の身の直冬にとって、決して石見国も安住の地ではなかったと思われる。石見国には北朝支持勢力も共存していたからである。石見国の吉川氏が直冬の保護者としての役割を果したのではないかとされているが、推測の域を出ない。

直冬の晩年の心境

かつて自分の暗い過去の宿命をのろい、他人の幸福を妬《ねた》み、コンプレックスに悩み、ライバルと激しく争い、繰り返される裏切りに怒り、策略を弄《ろう》して他人を騙《だま》し、まさに血で血を洗う骨肉の争いに明け暮れた前半生を顧みて、人生の虚しさに打ちひしがれ、諦観《ていかん》の中に心静かな日々を送ったのであろうか。

直冬の没年

その生まれた年が明らかでないのと同様、直冬の死んだ年もまた明確ではなく、いくつかの説がある。

元中四年死亡説

群書類従《ぐんしょるいじゅう》本『足利系図』『南山巡狩録《なんざんじゅんしゅろく》』等は、元中四年・至徳四年（一三八七）七月二日、七十四歳で石見国で死亡したとする。『史料綜覧』巻七においては、この説によって「北朝宮内《くない》大輔従四位下足利直冬卒ス」との綱文を記載している。

元中五年死亡説

『国史実録』『鎌倉大日記《おおにっき》』等は、元中五年・嘉慶《かきょう》二年七月三日に石見国で死亡したとする。

応永七年死亡説

これに対し、『系図纂要《けいずさんよう》』所収「足利将軍家系図」「歴代鎮西要略」等は、応永《おうえい》七年（一四〇〇）三月十一日に石見国で死亡したとする。

各説の間には、最長十三年間のタイム・ラグがある。そのことは直冬は人々の注目を浴びることもなく、ひっそりと死亡したためと思われる。あるいは当時の人々は直冬の存在そのものを忘れていたのかも知れない。

七十四歳死亡説

しかし元中四年または元中五年に七十四歳で死亡したとすれば、尊氏がわずか十歳ないしは十一歳の時に直冬が生まれたことになる。七十四歳で死亡したとするのも確証があるわけではない。もう少し若い年で死んだとすれば、尊氏が直冬をもうけた年は辻褄《つじつま》が合うが、それでは直冬が義詮よりも若くなってしまう。直冬が義詮より年長であった

応永七年三月、七十四歳死亡説を採用

直冬は晩年三十四年間に一通の文書も発給せず

直冬の歴史登場は十八年間

ことは明らかであるので、その点で辻褄が合わなくなる。

また、後述の直冬の末子とされている宝山乾珍《ほうざんけんちん》は、嘉吉《かきつ》元年（一四四一）に四十八歳で死亡していることが明らかであるので、元中四年・元中五年に死亡したとすれば、宝山乾珍は、直冬の死後に生まれたことになり、直冬の末子でないことになり、説明が付かない。

応永七年に七十四歳で死んだとすれば、嘉暦《かりやく》二年（一三二七）の生まれ、尊氏二十三歳の時の子で、義詮より三歳の年長者となり、一応話の辻褄はあうことになる。応永七年に死亡したとすれば、乾珍は直冬の六十八歳頃の子となり、一応合理的説明が付くので、応永七年三月死亡説を採用しておく。

直冬の残存発給文書は、義詮が死亡する一年前に発給された文書が最後の文書であるが、応永七年に死亡したとすれば、約三十四年間に一通の文書も残存していないということになる。さらに直冬が歴史上で活躍したのは、南朝年号でいえば、正平三年（一三四八）より正平二十一年（一三六六）までのわずか十八年間に過ぎなかったことになる。まさに夜空の一角をかすめて消えて行った彗星のような出没の仕方であったといえる。その間に燃焼し尽《つく》し、忽然として世の中から姿を消したことになる。そして直冬は、その出生

直冬の法名

と同じく誰にも知られることもなくひっそりと死を迎えた。法名玉渓道昭《ぎょくけいどうしょう》、慈恩寺《じおんじ》殿と号したといわれる。

四　妻と子孫

直冬の室

直冬の室については知るべき史料は、ほとんど残存していない。合戦に明け暮れた前半生には、平穏な家庭生活を楽しむ余裕などなかったであろう。

少弐頼尚の女

そのような中で、貞和六年（一三五〇）九月、少弐頼尚《しょうによりひさ》が直冬に与同し、直冬を大宰府原《だざいふはら》山《やま》の自邸に迎え入れ居住させた時、その女を娶《めと》らせて婿《むこ》にしたとあるのが、直冬の室に関する唯一の話題である。しかしこの話もどこまで信憑《しんぴょう》性のある話か確証はないし、ましてその間に子供が存在したかどうか話題としてもまったく残っていない。

その後、九州を脱出して、中国地方に移ってからは、各地を転々とする生活であったので、室を迎える余裕などはなかったものと思われる。ただ、石見国に隠遁《いんとん》してから、没するまでの約三十四年間に室を迎え、平穏な家庭生活を送ったことは考えられる。

直冬の子

『系図纂要《けいずさんよう》』所収の「足利将軍家系図」には、直冬の子として、冬氏《ふゆうじ》・等珊《とうさん》・等章《とうしょう》・

直冬の室玉峯明金尼長老

明金尼重玄寺に田五段を寄進

中国武衛冬氏、善福寺殿

乾桃《けんとう》・乾珍の五人の名前が記載されている。したがって、どのような形式であれ、直冬に室が存在したことは疑いない。しかし石見国での直冬の晩年の生活、行動についての史料がまったくないので、室についてもその実態を明らかにすることができない。

ただ備中《びっちゅう》国井原《いばら》荘吉井村（現岡山県井原市）の臨済宗《りんざいしゅう》重玄寺《ちょうげんじ》に所蔵されている古過去帳に「広福寺殿玉峯明金尼長老、善福寺殿御袋也」と見えることが水野恭一郎氏によって紹介されている。後述するように善福寺殿は直冬の嫡子《ちゃくし》足利冬氏であるので、玉峯明金尼長老が冬氏の生母であるとすれば、同時に直冬の室ということになる。同寺所蔵文安《ぶんあん》六年（一四四九）六月二十七日重玄庵当知行《とうちぎょう》目録によれば、明金尼長老が「一所得里名内田五段諸公事共ニ」を重玄寺に寄進していたことがわかる。

末子とされる宝山乾珍が、直冬六十八歳の時の子供と推定されることからすれば、冬氏と他の四人の子供の生母は別人であった可能性もあり、室が複数存在した可能性が高いが、推測の域を出ず、その出自等についても明らかにすることはできない。

直冬の子孫については、『続群書類従』第五輯上系図部所収の「足利系図」には、「某」として一人が記載されており、その注記に「中国武衛《ぶえい》冬氏是なり、善福寺殿と号す」とあり、その子に乾珍を記載し、「相国寺《しょうこくじ》宝山和尚是なり、絶海禅師《ぜっかいぜんじ》の弟子」と注記している。

直冬の嫡子冬氏

直冬の末子宝山乾珍

また『系図纂要』第十冊所収の「足利将軍家系図」には、直冬の嫡子冬氏・等珊・等章・乾桃・末子乾珍の名を記して、冬氏には「中国武衛、善福寺と称す」と注記されており、乾珍には「宝山和尚、広照《こうしょう》の法を嗣《つ》ぎ、相国玉潤軒《ぎょくじゅんけん》、今熊野慈恩寺《いまくまのじおんじ》、西山法久院等、嘉吉元年十二ノ廿五寂《じゃく》す、四十八」と注記されている。等珊・等章・乾桃については何らの注記もないが、名前から推《お》して僧籍にあった人物と思われる。直冬の嫡子が冬氏であることは一致しているが、「足利系図」が乾珍を直冬の孫としているのに対し、「足利将軍家系図」は直冬の末子としていることが異なる。これは直冬の子とするのが正しい。

善福寺の開基

冬氏の生没年については明らかではないが、善福寺殿と称されていたとすることでは諸書が一致している。冬氏は備中国井原荘周辺に居住し、臨済宗善福寺（現岡山県井原市）を開基したことから、善福寺殿と称されたものと思われる。冬氏が井原荘周辺に居住していたことは、この地がかつて直冬がその支持勢力を扶植《ふしょく》していた地域であったこととも関係があったものと思われる。先述の重玄庵領当知行目録には「一所金永名一円諸公事共ニ田四段畠三段、山共ニ善福寺大御所《おおごしょ》御寄進」とあり、冬氏が重玄寺に所領を寄進していた

冬氏、重玄寺に所領寄進す

乾珍は絶海中津の弟子

京都相国寺住持

鹿苑院塔主

相国寺勝定院内玉潤軒に住す

相国寺法堂

ことがわかる。

直冬の末子とされる宝山乾珍は、応永元年（一三九四）に生まれ、嘉吉元年（一四四一）十二月二十九日に四十八歳で死亡している。乾珍は幼少の時に出家し、絶海中津《ちゅうしん》の弟子となり、景徳寺《けいとくじ》・等持寺《とうじじ》等の住持を経た後、異例の早さで永享《えいきょう》四年（一四三二）三月二十九日に、京都五山の相国寺第三十八世住持となり、絶海の法を嗣いでいる。永享七年十月四日には、京都五山の天竜寺《てんりゅうじ》第九十四世に遷住《せんじゅう》したが、翌八年三月二十四日に、相国寺に再住している。この間、永享五年八月十九日、相国寺鹿苑院塔主《ろくおんいんたっす》に任じられており、嘉吉元年七月まで、僧録の事を管掌している。そして永享七年六月には蔭凉軒《いんりょうけん》を再興するなど鹿苑院の拡張に尽力した。相国寺勝《しょう》定《じょう》院内に玉潤軒という寮舎を構え、嵯峨《さが》天竜寺にも法久院《ほうきゅういん》という寿塔を営み、また今熊野の慈恩寺にも住した。

鹿苑院主辞任

その後、嘉吉の乱によって甥の義尊《よしたか》・義将《よしまさ》が赤松満祐《みつすけ》に奉戴《ほうたい》され、幕府軍によって誅伐され、義将の首級が京都に送られて来た嘉吉元年七月末以後、間もなく鹿苑院主を辞任している。辞任の理由は、義尊等の近親者が満祐に擁立され、嘉吉の乱に関与したことに対する責任を取って辞任したものと思われる。

乾珍の死亡原因

そして辞任後、半年もたたない十二月二十五日に、北山等持院で死亡していることは、その死亡の裏には事件が何らか関与していたのかも知れない。

円乗宏済禅師

後に勅《ちょく》により、円乗宏済《えんじょうこうさい》禅師と諡《おくりな》されている。希世霊彦《きせいれいげん》は「宝山和尚真賛」の中で、その昇進の早かったことは、白雲守瑞《はくうんしゅずい》を越える程であったと述べており、また南禅寺よりの招聘《しょうへい》を固辞して、鹿苑院主になったこともわかる。このような乾珍の異例の昇進の裏に、その出自が関係しているのか、まったく乾珍個人の資質努力によるものかについてはわからない。

玉潤軒領井原荘

井原荘は本来は摂関家《せっかんけ》渡領《わたりりょう》であったが、長禄《ちょうろく》二年（一四五八）には、乾珍にゆかりのある相国寺勝定院玉潤軒領となっている。さらに長禄三年六月一日の重玄庵領当知行目録には、かつて文安六年の目録で冬氏の寄進とされていた金永名一円は、「宝山和尚為㆓善福寺殿㆒御寄進也」と記されており、乾珍が兄冬氏の追善のため寄進したものであると

播磨赤松満祐、直冬の孫を擁立

直冬の孫伊原御所と号す

還俗して義尊と名乗る

播磨坂本城

されている。井原荘・善福寺・重玄寺等が直冬の子孫と深い関係があったことがわかる。

赤松満祐が擁立しようとした人物について、『東寺執行《とうじしぎょう》日記』嘉吉元年七月十八日の条に「播州において幡を上ぐ、兵衛助《ひょうえのすけ》殿の御孫、歳二十九、赤松大将に憑《よる》と云々」とある。満祐が播磨で挙兵した時、大将に擁立しようとしたのは、直冬の孫で二十九歳の人物であったことがわかる。したがってこの人物は応永二十年（一四一三）に生まれていたことになる。

さらに『建内記《けんないき》』嘉吉元年七月十七日、同八月二十一日の記事によれば、この人物は直冬の子孫で、禅僧として出家して、播磨にいたのを、満祐が擁立しようとしたが、すでにこの人物は以前から将軍と称していたとある。伊原御所と号していたが、満祐に擁立された時、還俗《げんぞく》して義尊と名乗ることになったことがわかる。そして義尊は自らの花《か》押《おう》を据《す》えた軍勢催促状を諸方に発給していたことが記されている。そして幕府は義尊《よしたか》の花押の写を諸関に配り、その花押の据えてある文書を所持している使者を召し捕えることを命じている。

満祐は京都で将軍足利義教《よしのり》を謀殺した後、一族を率いて本国播磨《はりま》に下向し、書写《しょしゃ》山南麓の坂本城（現兵庫県姫路市）に立て籠り、幕府の追討軍を迎え撃つ態勢を整えていたの

満祐、義尊を擁立

で、足利氏にゆかりがあり、生涯を通じて幕府と対立抗争してきた直冬の孫に当る義尊を、その旗頭として坂本城に迎え入れたものと思われる。この間の事情を『赤松盛衰《せいすい》記《き》』には、次のように記述している。

其後性具（赤松満祐）入道宗徒の侍を近付て評定《ひょうじょう》しけるは、一門私の計略然《しか》らざる義なり、所詮、備中国井原の武衛（義尊）を尊敬して、日の将軍を号し、不日に入洛を遂、一家天下の執権《しっけん》をして国土を掌に握らん事疑ひあるべからず、此義如何《いかん》と宣《のたま》へバ、諸侍とも心中ハ門出悪しく勿体《もったい》なしと思へども、異義に及バず、尤《もっとも》と同ず、則侍百騎計りにて、典厩（赤松則繁）備中国井原へ御迎に下りぬ、ご辞退に及バず、武衛手勢五十騎にて坂本へ上着し給ふ。

同書は、諸侍が内心は義尊を擁立することに必ずしも賛成していなかったことを示している。

義尊の弟の禅僧細川氏久に討ち取らる

また『建内記』同日の条に、義尊の弟で同じく禅僧となっていた者がいたが、備中国から播磨に逃れようとしたため、備中国守護細川氏久の手勢によって討ち取られ、その首が後日七月二十八日頃、京都に到着する予定であると記されている。この弟の禅僧について、重玄寺古過去帳に、

重玄寺殿、贈一品《いっぽん》護《ご》峰《ほう》鎮公大居《だいこ》士《じ》、諱《いみな》義将公、嘉吉元年辛酉《かのととり》七月廿一日御他界、
当寺の大旦那なり、井原善福寺ヵ御館なり

俗名義将

義将は重玄寺の大旦那

とあり、俗名は義将《よしまさ》と名乗り、重玄寺の大旦那であったことがわかる。

義尊東坂本定願寺に移る

『赤松盛衰記』によれば、坂本城に迎え入れられた義尊は、その後、東坂本の定願寺《じょうがくじ》に移ったが、そこで日々酒宴・猿楽《さるがく》・芸能・連歌・詩歌・管絃など遊興の限りを尽くしていたという。満祐としては、周辺の武士を味方に馳せ参ぜさせるための大義名分として、義尊を必要としたのであって、僧から還俗した義尊が武将として陣頭に立つことなど期待していなかったのであろう。

播磨城山城の落城

九月初頭、但馬《たじま》国から南下した山名持豊《やまなもちとよ》（宗全《そうぜん》）の軍勢によって坂本城は攻略され、満祐ら赤松一族は城山《きのやま》城（現兵庫県揖保《いぼ》郡新宮町）に立て籠り、最後の抵抗を試みたが、九月十日に落城し、満祐は自害して果てた。『建内記』同年九月二十五日の条によれば、

義尊城中より脱出し、船で逃亡

カニカ坂の合戦

落城に際し、義尊は満祐の嫡男《ちゃくなん》教康《のりやす》・弟則繁《のりしげ》らに付き添われて城中より脱出し、船で逃亡したが、その行方については、伊勢《いせ》に向かったとか、遠く九州日向《ひゅうが》に赴いたとかの噂が飛び交ったが、結局わからなかった。死骸が見付からないので、カニカ坂の合戦で逃げる時、河舟が転覆したことがあったので、その舟に乗っていて溺死したのではな

いかと記されている。

義尊京都で討ち取らる

ところが義尊はそのような噂がある中で生き延びており、諸方を転々とさまよった後に、再び僧の姿となり、翌年三月京都に現れ、幕府の管領《かんれい》畠山《はたけやま》持国《もちくに》の保護を求めたが、持国は義尊を家人《けにん》の所に送り、そこで討ち取らせている。

義尊・義将の父は冬氏か

このようにして直冬の孫の義尊・義将は嘉吉の乱後、共に誅殺されて果てた。義尊・義将の父親が誰であったか明らかではないが、冬氏が居住していた井原荘周辺に二人が居住していたこと、直冬の子の中で、冬氏以外の四人がいずれも僧籍にあったこと等からすれば、冬氏の子であった可能性が高いといえよう。

これ以外に直冬の子孫がいたかどうかについてはまったく不明である。いたとしても歴史上に登場することはなかった。これにより、一代の風雲児直冬の子孫も断絶してしまった。

伯耆
因幡
但馬
鰐淵寺
野老原
出雲
野城
石見
美作
播磨
弘山
鵤宿
高津城
三隅城
豊田城
益田
白上
備後
備中
備前
安芸
備後府中
井原
宮内
野美城
入野城
浄土寺
鞆
長門
豊田城
周防
厚東
周防国府
豊浦宮
長門国府
讃岐
阿波
土佐
伊予

中国地方関係図

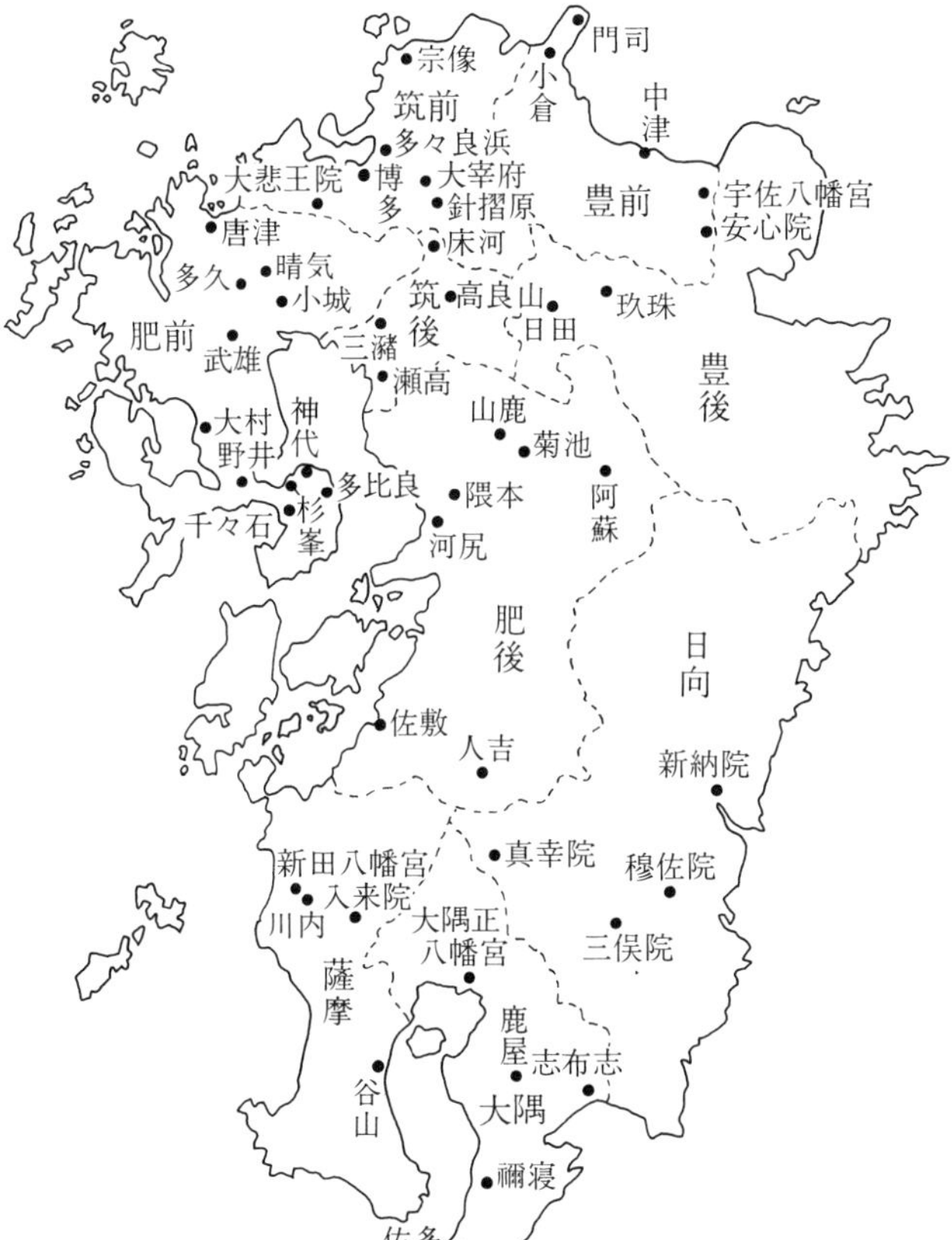
門司
宗像
小倉
筑前
中津
多々良浜
大悲王院
博多
大宰府
豊前
宇佐八幡宮
針摺原
安心院
唐津
床河
晴気
多久
小城
筑後
高良山
日田
玖珠
肥前
三潴
武雄
瀬高
豊後
神代
山鹿
大村
菊池
野井
多比良
隈本
阿蘇
杉峯
千々石
河尻
肥後
日向
佐敷
人吉
新納院
真幸院
新田八幡宮
穆佐院
入来院
川内
大隅正八幡宮
三俣院
薩摩
鹿屋
志布志
谷山
大隅
禰寝
佐多

九州地方関係図

足利氏略系図

- 貞氏
  - 尊氏　母上杉清子、嘉元三年生、又太郎、元高氏、元弘三年八月五日尊氏改名、暦応元年八月征夷大将軍、延文三年四月三〇日没、五四歳、等寺院殿仁山妙義、
    - 竹若　母加子基氏女、元弘三年駿河国浮嶋原で刺殺さる、
    - **直冬**　母越前局、嘉暦二年生、直義養子、貞和五年四月長門探題、観応二年三月三日鎮西探題、応永七年三月一一日没、七四歳、慈恩寺殿玉渓道昭、
    - 義詮　母赤橋登子、元徳二年六月一八日生、千寿王、延文三年一二月一八日征夷大将軍、貞治六年一二月七日没、三七歳、宝篋院殿道権瑞山、
      - 義満　母紀良子、延文三年八月二二日生、応安元年一二月三〇日征夷大将軍、永徳元年六月二六日内大臣、応永元年一二月二五日太政大臣、応永二年六月二〇日出家、応永一五年五月六日没、五一歳、鹿苑院殿天山道義、
      - 満詮　母紀良子、貞治二年五月二二日生、左馬頭、左兵衛督、権中納言、権大納言、応永二五年五月一五日没、五一歳、養徳院殿天勝山道智、
      - 清祖柏庭　建仁寺大統庵、応永五年六月二八日没、仏運禅師、
    - 基氏　母赤橋登子、暦応三年生、直義猶子、亀若丸、左兵衛督、鎌倉公方、貞治六年四月二六日没、二八歳、瑞泉寺殿玉岩道昕、
    - 聖王丸　貞和元年八月一日没、八歳
    - 女　貞和二年七月二日没、三歳、

- 直義　母上杉清子、徳治元年生、元高国、忠義、左馬頭、相模守、左兵衛督、貞治五年一二月八日出家、法名恵源、三条殿、錦小路殿、観応三年二月二六日没、四七歳、大休寺殿古山恵源、
  - 道鑑　母渋川貞頼女、貞和三年六月八日生、観応二年二月二五日没、五歳、
  - 基氏
  - 直冬
    - 冬氏　母玉峯明金、中国武衛、善福寺殿
      - 義尊　応永二〇年生、井原御所、嘉吉二年三月没、三〇歳、
      - 義将　嘉吉元年七月二一日没、重玄寺殿護峯鎮公、
    - 等珊
    - 等章
    - 乾桃
    - 宝山乾珍　応永元年生、永享四年三月二九日相国寺住持、永享七年一〇月四日天龍寺住持、永享八年三月二四日相国寺再住、永享五年鹿苑院主、嘉吉元年一二月二九日没、四八歳、円乗寺宏済禅師、

義持

母藤原慶子、至徳三年二月一二日生、応永元年一二月一七日征夷大将軍、正長元年正月一八日没、勝定院殿顕山道詮、

義量

母日野栄子、応永一四年七月二四日生、応永三〇年三月一〇日征夷大将軍、応永三二年二月二四日没、一九歳、長得院殿鞏山道基、

義嗣

母摂津能秀女、応永元年生、応永二五年正月二四日殺さる、円修院殿孝山道純、

義教

母藤原慶子、応永元年六月一三日生、応永一〇年六月二一日青蓮院入室、得度義円、応永二六年一一月三日天台座主、正長元年三月一〇日還俗義宣、永享元年三月一五日征夷大将軍、義教改名、嘉吉元年六月二四日赤松満祐に誘殺さる、四八歳、普広院殿善山道恵、

義昭

‖は養子を示す

一色氏略系図

- 公深
  - 範氏　太郎、宮内少輔、鎮西管領、正平二四・応安二年二月一八日没、大興寺殿古峯道猷、
    - 直氏　宮内少輔、右京権大夫、鎮西管領、九州探題、筑前・肥前・肥後・日向国守護、
    - 範光　正中二年生、五郎右馬権頭、修理権大夫、肥前・若狭・三河国守護、元中五・嘉慶二年正月二五日没、六四歳、
    - 範房
    - 氏冬　民部少輔、
  - 頼行　左馬助、延元二・建武四年四月一九日肥後犬塚原合戦戦死、

少弐氏略系図

- 盛経
  - 貞経　大宰少弐、筑後守、筑前・豊前・対馬国守護、建武三年二月二九日大宰府有智山城で自害、六四歳、高鑑妙恵、
    - 頼尚　大宰少弐、筑後守、筑前・豊前・肥後・対馬国守護、梅渓本通、
      - 直資　新少弐、大宰少弐　正平一四・延文四年八月一六日筑後大保原合戦で戦死、
        - 頼国　少弐次郎
      - 冬資　大宰少弐、筑前・対馬国守護、天授元・永和元年八月二六日肥後国水島で誘殺さる、四三歳、天岸存覚、
      - 頼澄　越後守、
        - 貞頼　大宰少弐、筑前国守護、応永一一年六月二〇日没、三三歳、怡雲本恵、
      - 頼光　武藤出雲守、
    - 頼賢
      - 頼泰　筑後守、
    - 宗応　崇福寺住、建武三年二月二九日大宰府有智山城で自害、
  - 資法　武藤但馬守、

大友氏略系図

貞宗　豊後国守護、近江守、左近将監、元弘三年一二月三日没、顕孝寺殿直庵具簡、

貞順　近江次郎、豊後守、

貞載　左近将監、建武三年正月一二日没、

宗匡　左近将監、三河守、

即宗　利根吉祥寺長老、

氏泰　豊後・豊前・肥前・日向国守護、式部丞、正平一七・貞治元年一一月三日没、清巍、

氏宗　兵部丞、

氏時　豊後・豊前・筑後・肥後国守護、刑部太夫、正平二三・応安元年三月二一日没、天祐、

氏続　利根孫三郎氏継、応永七年一二月二一日没、不二庵殿福州天授、

親世　豊後国守護、式部丞、修理権大夫、応永二五年二月一五日没、瑞光寺殿祖高、

親国　五郎、西殿、

氏能

島津氏略系図

- 久経
  - 忠宗
    - 貞久　文永六年生、上総介、薩摩・大隅国守護、正平一八・貞治二年七月三日没、九五歳、
      - 頼久　川上氏、上野介、大夫判官
      - 宗久　元亨二年生、三郎左衛門尉、興国元・暦応三年正月二四日没、一九歳、
      - 師久　正中二年生、上総介、薩摩国守護、天授二・永和二年三月二一日没、五二歳、定山道貞、
      - 氏久　嘉暦三年生、修理亮、越後守、陸奥守、大隅国守護、元中四・嘉慶元年閏五月四日没、六〇歳、玄久齢岳、
      - 光久
      - 氏忠
    - 忠氏　和泉氏
    - 忠光　佐多氏
    - 時久　新納氏
    - 資久　樺山氏、安芸守、
    - 資忠　北郷氏、尾張守、
    - 久泰　石坂氏
  - 久長
    - 宗久　伊作左京進、大隅守、道恵、

畠山氏略系図

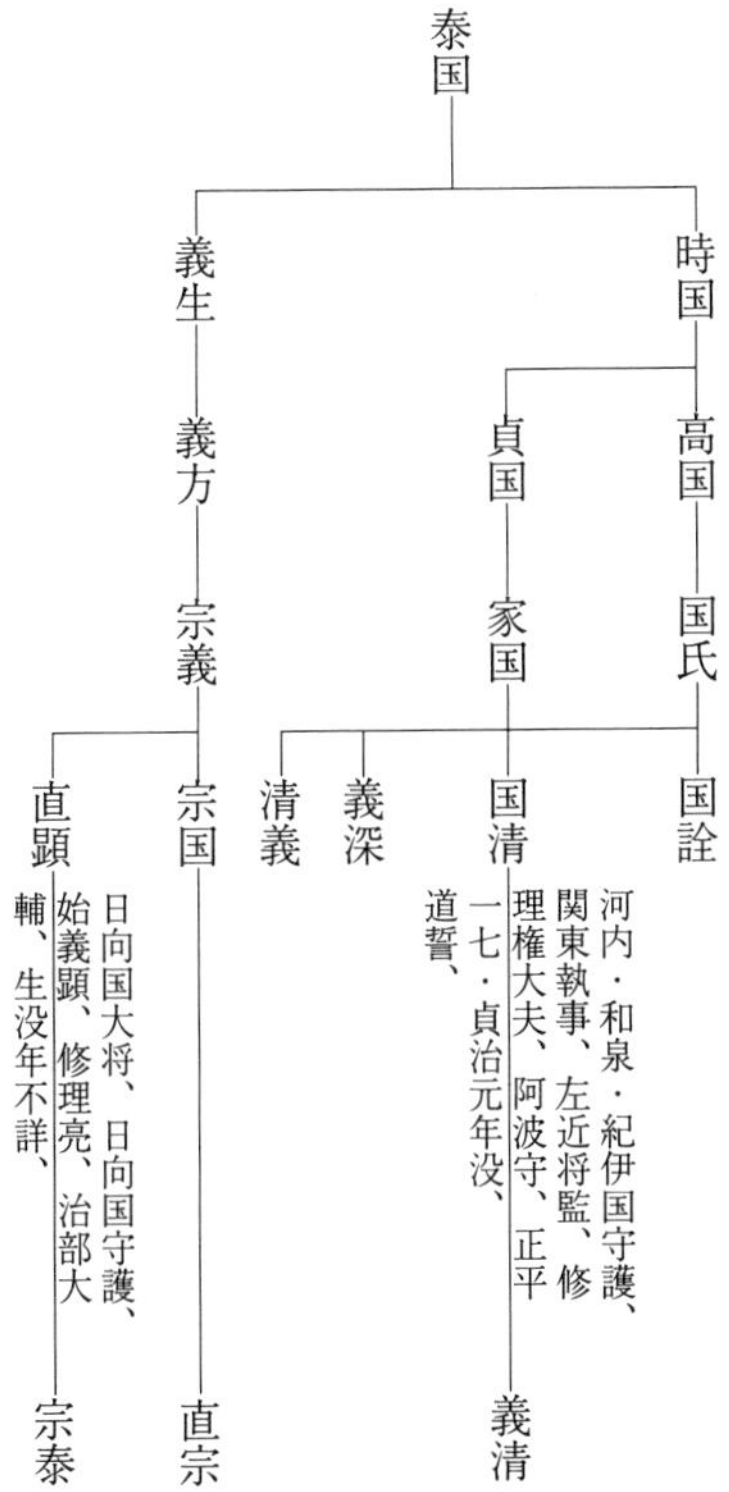
泰国
時国
高国
国氏
国詮
貞国
家国
国清
河内・和泉・紀伊国守護、関東執事、左近将監、修理権大夫、阿波守、正平一七・貞治元年没、道誓、
義清
義深
清義
義生
義方
宗義
宗国
直宗
直顕
日向国大将、日向国守護、始義顕、修理亮、治部大輔、生没年不詳、
宗泰

菊池氏略系図

- 武時　次郎、寂阿、元弘三・正慶二年三月一三日博多で討死、
  - 武重　次郎、肥後守、観喜、
  - 頼隆　三郎
  - 武茂　木野
    - 武貞　木野
  - 隆寂
  - 武澄　肥前守、正平一一・延文元年六月二九日没、
    - 武安　三郎、肥前守、
    - 武元
  - 武吉　七郎、延元元・建武三年五月二五日没、
  - 武豊　八郎
  - 武敏　九郎、掃部助、空阿、
  - 武光　豊田十郎、文中二・応安六年一一月一六日没、聖厳、
    - 武政　興国三・康永元年生、次郎、元中三・応安七年五月二六日没、三三歳、
      - 武朝　正平一八・貞治二年生、賀々丸、始武興、右京大夫、肥後国守護、応永一四年三月一八日没、四五歳、玄徹常朝、
  - 武士　又次郎、肥後守、
  - 武隆　与一
  - 武義　彦四郎
  - 乙阿迦丸

阿蘇氏略系図

- 惟時：阿蘇大宮司、宇治、正平八・文和二年没、
  - 惟直：阿蘇大宮司、建武三年三月肥前国小城郡天山で切腹、
  - 惟成：建武三年三月肥前国小城郡天山で敗死、
  - 惟有
  - 女＝惟澄：阿蘇大宮司、宇治、恵良筑後守、正平一九・貞治三年九月二九日没、
    - 惟村：阿蘇大宮司、惟時の養子、
    - 惟武：阿蘇大宮司、天授三・永和三年八月肥前国佐嘉郡千布・蜷打合戦で戦死、
    - 惟重

山名氏略系図

時氏
伊豆守、弾正少弼、左京大夫、侍所所司、但馬・因幡・伯耆・美作・丹波・紀伊・和泉・備後・隠岐・出雲国等領有、建徳二・応安四年二月二八日没、光孝寺殿鎮国動静、

- **師義**
  嘉暦三年生、左京亮、左馬権頭、伊豆守、右衛門佐、天授二・永和二年三月一一日没、四九歳、正受院殿大盛道興、
- **義理**
  弾正少弼、修理権大夫、美作・紀伊・和泉国守護、
- **氏冬**
  中務大輔、因幡国守護、建徳元・応安三年一月五日没、
- **氏清**
  興国五・康永三年生、民部少輔、陸奥守、丹波・和泉国守護、元中八・明徳二年一二月三〇日没、四八歳、宗鑑寺殿古鑑、
- **時義**
  正平元・貞和二年生、伊予守、弾正少弼、伯耆・但馬・備後・隠岐国守護、元中六・康応元年五月四日没、四四歳、円通寺殿大等宗均、
  - **時熙**
    正平二二・貞治六年生、宮内少輔、右衛門佐、右衛門督、但馬・備後・安芸国守護、侍所頭人、永享七年七月四日没、六九歳、大明寺殿巨川常熙、
    - **持(満)熙**
    - **持豊**
      応永一一年生、左衛門佐、右衛門督、弾正少弼、但馬・備後・安芸・伊賀・播磨・因幡国守護、侍所頭人、文明五年三月一八日没、七〇歳、遠碧院殿崇峯宗全、
- **義数**
- **高義**

略年譜

年次	西暦	年齢	事蹟	参考事項
嘉暦二	一三二七	一	足利高氏、一夜越前局の所に忍び直冬が生まれたとの説あり	一二月六日、尊雲法親王（護良親王）天台座主となる
元徳二	一三三〇	四	六月一八日、父高氏・母赤橋登子の嫡子として義詮生まれる	吉田兼好、『徒然草』を執筆
元弘三・正慶二	一三三三	七	四月二九日、高氏、丹波国篠村で討幕の挙兵○五月、高氏の庶長子竹若丸、伊豆走湯山より京都に向かう途中殺害さる○八月五日、高氏、尊氏と改名○この頃、直冬、鎌倉東勝寺の喝食となる	閏二月二四日、後醍醐天皇、隠岐脱出○閏二月二八日、後醍醐天皇、伯耆国船上山に拠る○五月二一日、鎌倉幕府滅亡○五月二五日、鎮西探題滅亡○六月五日、後醍醐天皇帰京
建武二	一三三五	九	一二月、尊氏、鎌倉で挙兵	一一月一九日、新田義貞ら尊氏追討のため京都出発
建武三	一三三六	一〇	一月一一日、尊氏入京○二月一二日、尊氏、海路九州に逃る○三月二日、尊氏、筑前多々良浜の合戦で菊池武敏を破る○四月三日、尊氏、博多より東上○一色道猷を九州管領に任ず○五月二五日、尊氏、摂津湊川の合戦で新田義貞・楠木正成を破	一月一〇日、後醍醐天皇、神器を奉じて延暦寺に逃る○五月二七日、再び後醍醐天皇、神器を奉じて延暦寺に逃る○一〇月一〇日、後醍醐天皇還京○一二月二一日、後醍醐天皇、

			る○六月一四日、尊氏、光厳上皇を奉じて入京	神器を奉じて吉野に潜幸
延元三・建武五・暦応元（改元八・二八）	一三三八	一二	八月一一日、尊氏、征夷大将軍に任ぜらる	九月、懐良親王を征西将軍宮に任じ、九州へ派遣○義良・宗良親王と北畠親房ら東国に派遣、途中遭難
興国三・暦応五・康永元（改元四・二七）	一三四二	一六	五月一日、征西将軍宮薩摩国に上陸	四月二三日、幕府、五山十刹の位次を定める
興国六・貞和元（改元一〇・二一）	一三四五	一九	この頃、直冬、還俗して東勝寺の僧円林に伴われて上洛、尊氏に会い父子の承認を求むるも、尊氏子息たることを認めず。玄慧、足利直義に直冬を紹介し、直義、直冬を養子となす	二月六日、光厳上皇、国ごとに安国寺・利生塔を定める○八月一四日、光厳上皇、延暦寺衆徒の強訴により、天龍寺供養出席を断念
正平三・貞和四	一三四八	二二	正月二日、征西将軍宮、肥後国宇土に上陸○四月一六日、直義、直冬をして紀伊国凶徒を退治せしむ。直冬、従四位下左兵衛佐に任ぜらる○四月二二日、直冬、祇園社に凶徒退治を祈願す○六月一八日、直冬、紀伊に進発す○八月八日、直冬、紀伊に至り南軍と戦う○九月二八日、直冬各地で南軍を破り京都に帰還す	正月五日、高師直、河内国四条畷の合戦で楠木正行を敗死さす○正月二六日、師直、吉野に発向○正月二八日、師直、吉野蔵王堂らを焼払う○これより前、後村上天皇、紀伊国に逃れ、後に大和国賀名生に移る
正平四・	一三四九	二三	尊氏、直冬を長門探題に任命す○四月一一日、直	閏六月二日、直義、師直と不和によ

貞和五			冬、京都を出発○九月一〇日、直冬、備後国鞆で杉原又四郎の急襲を受け、海路九州に落下す○九月一三日、直冬、肥後国河尻津に着す○九月一六日、直冬、九州国人に軍勢催促状を出す○九月二八日、尊氏、直冬に出家を命じたことを九州国人に伝達す○一一月一九日、直冬、詫磨宗直に筑後国守護職を給付す○一二月二七日、尊氏、九州国人に直冬の誅伐を命ず	り京都騒擾す○八月一三日、師直、直義の逃げ込んだ尊氏邸を包囲し、直義の政務停止を約束させる○九月九日、尊氏、足利基氏を鎌倉に下す○一〇月二二日、義詮、鎌倉より入京○一二月八日、直義、出家す
正平五・貞和六・観応元（改元二・二七）	一三五〇	二四	二月二七日、北朝、観応元年と改元するも、直冬は貞和年号を使用し続く○三月、直冬、今川直貞を肥前に派遣す○六月一五日、尊氏、直冬以下凶徒退治のため、高師泰を差し遣わすことを九州国人に報ず○六月二一日、師泰、直冬追討の院宣を奉じ京都を進発す○八月一三日、出雲の直冬党挙兵す○九月一六日、直冬、再び今川直貞を肥前に派遣す○九月、少弐頼尚、直冬に与同す○一〇月一六日、少弐・大友氏ら直冬に与同すとの報に、尊氏、師直以下を率いて九州に赴かんとす○一一月一八日、直冬、今川直貞を豊前門司関に遣わす○一二月二九日、尊氏、九州下向を中止し、備前福岡より帰京の途に就く	一〇月二六日、直義、京都より脱出○一一月一六日、光厳上皇、尊氏に直義追討の院宣を下す○一一月、直義、師直・師泰誅伐の兵を募る○直義、南朝に帰服す○一二月二五日、高師冬、上杉憲顕討伐のため、基氏を奉じて鎌倉を発す

正平六・観応二・貞和七	一三五一	二六	二月二六日、師直・師泰誅伐さる○三月三日、尊氏、直冬を鎮西探題に任ず○三月、九州・中国の国人ら、大宰府の直冬の下に馳せ参ず○六月一日、直冬、長門豊浦宮に願文を捧ぐ○六月一〇日、直冬、貞和年号の使用を中止し、観応年号使用の文書を発給す○六月一九日、義詮、直冬に長講堂領筑前国志賀島を沙汰せしむ○七月一三日、直冬、筑前大悲王院に和歌を捧ぐ○七月二七日、尊氏、直冬に書状を与う○八月八日、直冬、肥後で征西将軍宮方と各地で合戦す○八月一五日、直冬、筑後凶徒退治のため今川直貞を遣わす○八月一七日、直冬、豊後凶徒退治のため新田貞広を遣わす○八月二八日、直冬、大隅・薩摩凶徒退治のため尾張義冬を遣わす○九月九日、少弐頼尚、肥前に発向す○九月二四日、尊氏、直冬の誅伐を命ず○九月二八日、今川直貞、一色範光と筑前金隈・月隈で合戦し破る○九月二九日、少弐頼尚、一色道猷と筑後河北荘床河で合戦し、道猷敗れて豊後日田に逃る○九月二九日、義詮、九州国人に直冬の誅伐を命ず○一〇月八日、直義、近江より北国に没落す○一一月七日、尊氏、南朝と合体し、直義・直	正月一五日、桃井直常、入京し、尊氏・義詮播磨に逃る○二月一七日、直義、尊氏を摂津打出浜で破る○二月二〇日、尊氏、直義と和睦す○南朝、尊氏・義詮の政権返還・投降を許し、直義追討の綸旨を下す○一一月四日、尊氏、直義追討のため、関東に進発○一一月七日、正平一統

			冬・頼尚らの退治を図る○一一月一五日、直義、鎌倉に下向す	
正平七・観応三・文和元（改元九・二七）	一三五二	二六	正月一八日、直冬、詫磨宗直に筑後凶徒退治を命ず○二月八日、直冬、小俣氏連を肥前に遣わす○二月二六日、直義、鎌倉で毒殺さる○九月二七日、北朝、文和と改元するも、直冬観応年号を使用し続く○一一月八日、今川直貞、安芸坂城を攻む○一一月一二日、直冬、筑前椿・忠隈の合戦で敗退す○一一月一八日、直冬、大宰府に帰還す○一一月二四日、一色氏冬ら大宰府を攻撃す。直冬・少弐頼尚ら大宰府浦城に立て籠り合戦す○一一月二五日、菊池武光、頼尚を救援し、一色方を攻撃す○一二月末、直冬、長門豊田城に転進	閏二月六日、宗良親王を征夷大将軍に補任す○閏二月一八日、新田義宗ら、宗良親王を奉じて鎌倉に入る○閏二月一九日、後村上天皇、八幡に移る○閏二月二〇日、南軍、義詮を近江に追放。正平一統破れる○閏二月二八日、尊氏、武蔵小手指原で宗良親王らを破る○三月一二日、尊氏、鎌倉を回復○三月一五日、義詮、京都を回復○五月一一日、義詮、八幡を攻略、後村上天皇賀名生に移る
正平八・文和二	一三五三	二七	二月二日、武光、頼尚と連合し、道猷と筑前針摺原で戦いこれを破る○三月、直冬、征西将軍宮と同心す○三月、京都で直冬の上洛が近いとの噂流布す○五月、直冬、南朝に帰順し、正平年号を使用す○五月、直冬、周防国府に進出す○六月六日、南軍京都に入らんとするにより、後光厳天皇延暦寺に逃る○六月一三日、義詮、後光厳天皇を奉じ美濃垂井に落下す○六月二三日、直冬、後村上天	二月、紀伊等数ヵ国で南軍蜂起○七月二九日、尊氏、畠山国清を関東執事に任じ、鎌倉より西上

			皇より義詮追討の綸旨を賜わる○七月一〇日、義詮、美濃を発し、上洛の途につく○七月二四日、山名時氏・吉良満貞・石塔頼房ら京都より撤退す○九月二一日、尊氏・義詮、後光厳天皇を奉じて入京す○一二月末、直冬、周防より石見に移動	
正平九・文和三	一三五四	二八	二月、尊氏、中国凶徒退治のため下向せんとす○三月三〇日、畠山直顕、日向真幸院を攻め、島津道鑑の居城を攻撃す○五月二一日、直冬、石見を進発し、上洛の途につく○五月二二日、出雲国人に直冬の出迎えを命ず○五月二七日、荒川頼直ら、石見温泉郷で直冬の進撃を阻止○七月一九日、直冬、今川直貞を出雲野老原の凶徒退治に派遣す○九月一四日、直冬、再び上洛する旨を報ず○一〇月、山名時氏・石塔頼房らも上洛の動きを開始○一〇月一八日、義詮、直冬軍を迎え撃つため京都を発向し、播磨弘山に陣す○一二月二四日、尊氏、直冬軍京都に迫るにより、後光厳天皇を奉じ、近江武佐寺に脱出	○三月二二日、光厳・光明法皇と崇光上皇、河内金剛寺に移る
正平一〇・文和四	一三五五	二九	正月一六日、桃井直常・斯波氏頼ら入京。直冬の入京を催促す○正月二〇日、尊氏、近江武佐寺を発し、京都回復を目指す○正月二二日、直冬、京	三月二八日、後光厳天皇帰京○八月一八日、征西将軍宮、肥前国府に入る○一〇月、征西将軍宮、博多に攻

都に入り大極殿跡に陣す○正月二四日、直冬、錦小路京極の中条氏館を宿所とす○正月二四日、義詮、直冬の入京を知り、摂津宿河原に陣を移す○正月二五日、直冬、東寺実相院を宿所とす○正月二九日、直冬、所願成就を祈り、挙兵の理由を述ぶ○正月二九日、尊氏、比叡山に陣を移す○二月三日、尊氏、西坂本に移動す○二月六日、義詮の軍勢と山名時氏・石塔頼房・楠木正儀らの軍勢と摂津神南で合戦し、義詮勝利す○二月六日、尊氏、六条・七条河原に移動○二月八日、直冬軍と尊氏軍とはじめて洛中で合戦す○二月一五日、両軍洛中で激戦を展開し、尊氏軍勝利す○三月八日、直冬の直衛軍桃井直常の軍勢敗走す○三月一二日、尊氏の軍勢、直冬の本陣東寺に突入、直冬、東寺より脱出す○四月四日、直冬、摂津多田院に祈禱を命ず○四月二五日、畠山直顕、尊氏に降伏の意志を表明○六月一五日、直冬、大和春日社に祈禱を命ず○七月九日、尊氏、一色道猷に畠山直顕の退治を命ず○九月、直冬の武将仁科盛宗、石見に入る○一〇月五日、直冬、石見高津城合戦の感状を与う

め入り、一色道猷・直氏長門に逃る

正平一一・文和五・延文元（改元三・二八）	一三五六	三〇	二月五日、直冬、安芸に下着す〇二月六日、直冬、石見内田致世に感状を与う〇三月四日、直冬、石見内田致世に軍勢催促す〇三月九日、直冬、伊予忽那義範に軍勢催促す〇四月二九日、直冬、吉川三郎左衛門尉・内田致世に軍勢催促す〇一二月五日、直冬、石見黒河大明神神主ならびに山頭職を二郎五郎に充行う	一月、斯波高経、幕府に帰参〇六月二六日、義詮、中国凶徒退治のため細川頼之を派遣す〇一〇月一三日、一色直氏、長門より筑前に進出するも敗れて長門に退く
正平一二・延文二	一三五七	三一	九月一八日、直冬、安芸児玉益行に恩賞を約す〇九月一九日、直冬、安芸児玉益行、児玉盛行に感状を与え、児玉延行に恩賞を約す	二月一八日、光厳法皇・崇光上皇帰京〇六月一五日、細川清氏、越前守護を望むも許されず、阿波に退去
正平一三・延文三	一三五八	三二	三月一〇日、義詮、尊氏の西国進発を諫止す〇四月三〇日、尊氏没す〇一〇月、直冬、安芸小早川実義の本領を安堵す〇一二月二九日、直冬、伊予忽那則平の安芸における戦功を賞す	
正平一四・延文四	一三五九	三三	三月一二日、直冬、石見白上郷地頭職・領家職を石見周布兼氏に兵粮料所として預く〇三月二七日、直冬、内田致世の肥前権守所望を公家に推挙す〇四月一六日、少弐頼尚、北朝方に帰参し、南軍退治のため大宰府を進発す〇五月二日、直冬、石見益田兼見の本領を安堵す〇五月三日、直冬、石見内田致行に遠江国内田荘下郷地頭職を安堵す〇六	一一月六日、関東執事畠山国清、東国勢を率いて入京〇一二月一九日、義詮、南方に発向〇一二月二三日、後村上天皇、河内観心寺に移る

			月三日、直冬、石見周布兼氏に石見小石見郷内安田・福井両村ならびに葛原畑地頭職を安堵す○八月六日、少弐頼尚、菊池武光と筑後大保原で合戦す	
正平一五・延文五	一三六〇	三四	六月一八日、直冬、石見周布郷への守護使入部を停止す	三月一五日、畠山国清、河内金剛寺を焼く○九月、後村上天皇、摂津住吉社に移る
正平一六・延文六・康安元 (改元三・二九)	一三六一	三五	三月一一日、直冬、石見鳥居兼元の石見久佐郷の所領を安堵す○一一月六日、直冬、出雲鰐渕寺に祈禱を命ず○一一月二六日、直冬、石見内田致世の石見高津城合戦における忠節を賞す	八月六日、征西将軍宮、大宰府に入る○一〇月三日、九州探題斯波氏経、豊後府中に着す○一一月二六日、基氏、鎌倉を出奔した畠山国清の討伐を命ず○一二月八日、義詮、後光厳天皇を奉じて近江に逃れ、細川清氏・楠木正儀ら入京○一二月二七日、義詮、京都を回復
正平一七・康安二・貞治元 (改元九・二三)	一三六二	三六	正月一九日、直冬、石見よりの進発を報ず○直冬、吉川経政著到状に証判を与う○一二月一七日、直冬、石見内田致世代の備後国における忠節に感状を与う○一二月一七日、直冬、石見周布兼氏に石見白上郷新本地頭職を充行う○この年、直冬、備後国府中に進出す	二月一〇日、後光厳天皇、還京○九月二一日、菊池武光、筑前長者原の合戦で斯波氏経・少弐冬資を破る○一一月一八日、義詮、山名時氏・直冬討伐のため、遠江・三河の軍勢を丹波に派遣す

正平一八・貞治二	一三六三	三七	三月、大内弘世、幕府に帰順○九月一〇日、直冬、備後より逃走し、山名時氏幕府に降る○一〇月一四日、直冬、吉川山城守に備中草壁郷地頭職を充行う○一二月二九日、直冬、吉川経秋に土佐国守護職を充行う	三月、斯波氏経、九州より周防に脱出
正平一九・貞治三	一三六四	三八	二月一日、直冬、吉川経秋・益田兼見・内掃部助らに勲功賞を与う○四月一六日、直冬、吉川経兼の所領を安堵す○五月一八日、直冬、吉川虎熊に勲功賞を与う	八月二五日、山名時氏、上洛
正平二〇・貞治四	一三六五	三九	三月六日、直冬、吉川光経に勲功賞を与う○四月五日、直冬、熊谷直道に安芸小田郷地頭職を充行う○五月四日、赤橋登子没す	二月二一日、幕府、内裏造営を奏上○八月二五日、幕府、九州探題渋川義行の下向を報ず
正平二一・貞治五	一三六六	四〇	五月二日、直冬、毛利広内の兵部少輔所望を公家に推挙することを約す○十二月八日、直冬、吉川讃岐守に勲功賞を与う	八月九日、義詮、斯波高経・斯波義将らを越前に追放
正平二二・貞治六	一三六七	四一	一二月七日、足利義詮没す○以後直冬、石見に隠棲す	四月二九日、幕府、南朝の和睦申入れを拒否○一一月二五日、義詮、政務を足利義満に譲る
元中四・嘉慶元（改元八・二三）	一三八七	六一	七月二日、直冬、石見で七四歳にて死亡説	

元中五・	一三八八	六二	七月三日、直冬、石見で七四歳にて死亡説	
嘉慶二				
応永元	一三九四	六八	直冬の末子宝山乾珍生まる	足利義満、子義持に将軍職を譲り、太政大臣となる
(改元七・五)				
応永七	一四〇〇	七四	三月一一日、直冬、石見で七四歳にて卒す	
応永二〇	一四一三		直冬の孫足利義尊生まる	
永享四	一四三二		三月二九日宝山乾珍、相国寺第四四世住持	
永享五	一四三三		八月一九日、宝山乾珍、相国寺鹿苑院主	
永享七	一四三五		一〇月四日、宝山乾珍、天龍寺第九四世住持	
永享八	一四三六		三月二四日、宝山乾珍、相国寺住持に再住	
嘉吉元	一四四一		七月一八日、赤松満祐、直冬の孫足利義尊を擁立○七月、直冬の孫足利義将、細川氏久のため殺さる○七月、宝山乾珍、鹿苑僧録を辞す○九月一〇日、義尊、播磨城山城より脱出○一二月二五日、宝山乾珍没す	六月二四日、赤松満祐、子教康邸にて将軍足利義教を誘殺し、播磨に下向○七月一一日、山名持豊ら播磨に発向○九月一〇日、播磨城山城落城、満祐自決(嘉吉の乱)
(改元二・一七)				
嘉吉二	一四四二		三月、義尊、京都で管領畠山持国のため殺さる	

参考文献

一、史料

東京帝国大学史料編纂所編『大日本史料』第六編之一一～二八　明治四五～昭和一二年

『看聞御記』上・下（続群書類従・補遺）　続群書類従完成会　昭和五年

藤井駿・水野恭一郎編『岡山県古文書集』第三輯　昭和三一年

後藤丹治・釜田喜三郎・岡見正雄校注『太平記』一～三（日本古典文学大系）　岩波書店　昭和三五～三七年

玉村竹二校訂『扶桑五山記』　鎌倉市教育委員会　昭和三七年

東京大学史料編纂所編『建内記』三・四（大日本古記録）　岩波書店　昭和四三・四五年

景浦勉編『忽那家文書』　伊予史料集刊行会　昭和三九年

川添昭二編『嘉穂地方史―古代中世編―』　嘉穂地方史編纂委員会　昭和四三年

藤井貞文・小林花子編『師守記』第四～一〇（史料纂集）　続群書類従完成会　昭和四五～五一年

『園太暦』巻一～七（史料纂集）　続群書類従完成会　昭和四五～六一年

大隅和雄編『太平記人名索引』　北海道大学図書刊行会　昭和四九年

近藤瓶城編『増補歴代鎮西要略』上・下巻（復刻）　文献出版　昭和五一年
川添昭二編『大宰府・太宰府天満宮史料』巻一一　太宰府天満宮　昭和五四年
瀬野精一郎編『南北朝遺文―九州編―』第三・四・七巻　東京堂出版　昭和五八・六〇・平成四年
藤井貞文・小林花子編『師郷記』第三（史料纂集）　続群書類従完成会　昭和六一年
松岡久人編『南北朝遺文―中国・四国編―』第二～四巻　東京堂出版　平成元～四年
『系図纂要』第一〇冊　名著出版　平成五年
京都大学文学部国語国文学研究室編『京大本梅松論』　京都大学国文学会
太宰府市史編纂委員会編『太宰府市史―中世資料編―』　太宰府市　平成一四年

二、辞典

国史大辞典編集委員会編『国史大辞典』一～一五　吉川弘文館　昭和五四～平成九年
安田元久編『鎌倉・室町人名事典』　新人物往来社　昭和六〇年
阿部猛・佐藤和彦編『日本荘園大辞典』　東京堂出版　平成九年
加藤友康・瀬野精一郎・鳥海靖・丸山雍成編『日本史総合年表』　吉川弘文館　平成一三年
瀬野精一郎編『日本荘園史大辞典』　吉川弘文館　平成一五年
『角川日本地名大辞典』　角川書店

『日本歴史地名大系』　平凡社
『日本城郭大系』第一〇〜一八巻　新人物往来社

三、単行本

藤田明著『征西将軍宮』　東京宝文館　大正四年
田中義成著『南北朝時代史』　明治書院　大正一一年
佐藤進一著『南北朝の動乱』（日本の歴史9）　中央公論社　昭和四〇年
杉本尚雄著『菊池氏三代』（人物叢書）　吉川弘文館　昭和四一年
川添昭二著『菊池武光』　人物往来社　昭和四一年
佐藤進一著『室町幕府守護制度の研究』上・下　東京大学出版会　昭和四二・六三年
長沼賢海著『邪馬台と大宰府』　太宰府天満宮文化研究所　昭和四三年
高坂好著『赤松円心・満祐』（人物叢書）　吉川弘文館　昭和四五年
今枝愛真著『中世禅宗史の研究』　東京大学出版会　昭和四五年
小川信著『足利一門守護発展史の研究』　吉川弘文館　昭和五五年
天本孝志著『九州南北朝戦乱』　葦書房　昭和五七年
玉村竹二著『五山禅僧伝記集成』　講談社　昭和五八年
永積安明・上横手雅敬・桜井好朗編『太平記の世界—変革の時代を読む—』

佐藤和彦編『論集足利尊氏』　東京堂出版　昭和六二年
森　茂暁著『太平記の群像―軍記物語の虚構と真実―』　角川書店　平成三年
田辺久子著『関東公方足利氏四代―基氏・氏満・満兼・持氏―』　吉川弘文館　平成一四年
今泉淑夫著『日本中世禅籍の研究』　吉川弘文館　平成一六年
上島　有著『中世の花押の謎を解く―足利将軍家とその花押―』　山川出版社　平成一六年

四、論文

瀬野精一郎「足利直冬と年号」（『日本歴史』二〇五号）　昭和四〇年
瀬野精一郎「足利直冬」（『室町幕府―その実力者たち―』所収）　人物往来社　昭和四〇年
九州史学会中世史部会「九州における南北朝動乱の一こま―「佐殿方」勢力の評価をめぐって―」（『九州史学』第四一号）　昭和四二年
川添昭二「九州における観応政変―足利直冬発給文書の考察を中心として―」（『九州史研究』所収）　御茶の水書房　昭和四三年
正木喜三郎「九州における半済の意義―南北朝内乱期における―」（『九州史学』第四四・四五号）　昭和四六年
中村直勝「足利直冬の花押―南北朝内乱期における―」（『史迹と美術』四三一―二、

後『中村直勝著作集』第五巻所収） 昭和四八年
川添昭二「足利直冬」（『歴史公論』五—九） 昭和五四年
川添昭二「鎮西探題足利直冬—九州における観応政変—」（『九州中世史研究』第二輯） 昭和五五年
川添昭二「鎮西管領一色範氏・直氏」（『森貞次郎博士古稀記念古文化論集』所収） 昭和五七年
瀬野精一郎「少弐頼尚の足利直冬与同時期について」（『南北朝遺文—九州編—』第三巻月報） 東京堂出版 昭和五八年
藤原良章「買えなかった一通の文書から—花押が語る足利直冬—」（『遙かなる中世』七号） 昭和六一年
藤原良章「足利直冬の花押」（『青山史学』一〇号） 昭和六三年
晋哲哉「島津氏の研究—守護領国期を中心に—（上）」（『鹿児島中世史研究会報』四五） 平成元年
川添昭二「足利直冬と中国地方」（『南北朝遺文—中国・四国編—』第三巻月報） 東京堂出版 平成二年
水野恭一郎「嘉吉の乱と井原御所」（『鷹陵史学』第一八号） 平成四年
川添昭二「南北朝動乱期の九州」（『九州の中世世界』所収） 海鳥社 平成六年

著者略歴

一九三一年生まれ
一九五七年九州大学大学院文学研究科修士課程修了
現在　早稲田大学名誉教授

主要編著書
増訂　鎌倉幕府裁許状集(上)(下)(編)　鎮西御家人の研究　長崎県の歴史　南北朝遺文―九州編一～七―(編)　松浦党関係史料集一～四(編)　歴史の残像　松浦党研究とその軌跡　鎌倉幕府と鎮西　鎌倉遺文の研究　歴史の余燼

人物叢書　新装版

足利直冬

二〇〇五年(平成十七)六月一日　第一版第一刷発行
二〇二〇年(令和　二)一月十日　第一版第二刷発行

著　者　瀬《せ》野《の》精一郎《せいいちろう》
編集者　日本歴史学会
　代表者　藤田　覚
発行者　吉川道郎
発行所　株式会社　吉川弘文館
東京都文京区本郷七丁目二番八号
郵便番号一一三—〇〇三三
電話〇三—三八一三—九一五一〈代表〉
振替口座〇〇一〇〇—五—二四四
http://www.yoshikawa-k.co.jp/
印刷＝株式会社　平文社
製本＝ナショナル製本協同組合

ISBN978-4-642-05233-7

『人物叢書』（新装版）刊行のことば

人物叢書は、個人が埋没された歴史書が盛行した時代に、「歴史を動かすものは人間である。個人の伝記が明らかにされないで、歴史の叙述は完全であり得ない」という信念のもとに、専門学者に執筆を依頼し、日本歴史学会が編集し、吉川弘文館が刊行した一大伝記集である。

幸いに読書界の支持を得て、百冊刊行の折には菊池寛賞を授けられる栄誉に浴した。

しかし発行以来すでに四半世紀を経過し、長期品切れ本が増加し、読書界の要望にそい得ない状態にもなったので、この際既刊本の体裁を一新して再編成し、定期的に配本できるような方策をとることにした。既刊本は一八四冊であるが、まだ未刊である重要人物の伝記についても鋭意刊行を進める方針であり、その体裁も新形式をとることとした。

こうして刊行当初の精神に思いを致し、人物叢書を蘇らせようとするのが、今回の企図である。大方のご支援を得ることができれば幸せである。

昭和六十年五月

日本歴史学会

代表者　坂本太郎

国姓爺
野中兼山
保科正之
隠元
徳川和子
酒井忠清
朱舜水
池田光政
山鹿素行
井原西鶴
松尾芭蕉
三井高利
河村瑞賢
徳川光圀
契沖
市川団十郎
伊藤仁斎
徳川綱吉
貝原益軒
前田綱紀
近松門左衛門
新井白石
鴻池善右衛門
石田梅岩
太宰春台
徳川吉宗
大岡忠相
賀茂真淵
平賀源内
与謝蕪村
三浦梅園
毛利重就
本居宣長
山村才助
木内石亭
小石元俊
山東京伝
杉田玄白
塙保己一
上杉鷹山
大田南畝
只野真葛
小林一茶
大黒屋光太夫
松平定信
菅江真澄
島津重豪
狩谷棭斎
最上徳内
渡辺崋山
柳亭種彦
香川景樹
平田篤胤
間宮林蔵
滝沢馬琴
調所広郷
橘守部
黒住宗忠
水野忠邦
帆足万里
江川坦庵
藤田東湖
二宮尊徳
広瀬淡窓
大原幽学
島津斉彬
月照
橋本左内
井伊直弼
吉田東洋
緒方洪庵
佐久間象山
真木和泉
高島秋帆
シーボルト
高杉晋作
川路聖謨
横井小楠
小松帯刀
山内容堂
江藤新平
和宮
西郷隆盛
ハリス
森有礼
松平春嶽
中村敬宇
河竹黙阿弥
寺島宗則
樋口一葉
ジョセフ＝ヒコ
勝海舟
臥雲辰致
黒田清隆
伊藤圭介
福沢諭吉
星亨
中江兆民
西村茂樹
正岡子規
清沢満之
滝廉太郎
副島種臣
田口卯吉
福地桜痴
陸羯南
児島惟謙
荒井郁之助
幸徳秋水
ヘボン
石川啄木
乃木希典
岡倉天心
桂太郎
徳川慶喜
加藤弘之
山路愛山
伊沢修二
秋山真之
前島密
成瀬仁蔵
前田正名
大隈重信
山県有朋
大井憲太郎
河野広中
富岡鉄斎
大正天皇
津田梅子
豊田佐吉
渋沢栄一
有馬四郎助
武藤山治
坪内逍遙
山室軍平
阪谷芳郎
南方熊楠
山本五十六
中野正剛
三宅雪嶺
近衛文麿
河上肇
牧野伸顕
御木本幸吉
尾崎行雄
緒方竹虎
石橋湛山
八木秀次
▽以下続刊